一本书读懂 NFT

李颖悟◎著

中华工商联合出版社

图书在版编目（CIP）数据

一本书读懂 NFT：开启元宇宙大门 / 李颖悟著 . —

北京：中华工商联合出版社，2023.1

ISBN 978-7-5158-3587-7

Ⅰ . ①一… Ⅱ . ①李… Ⅲ . ①信息经济 Ⅳ . ① F49

中国国家版本馆 CIP 数据核字 (2023) 第 022426 号

一本书读懂 NFT：开启元宇宙大门

作　　者：	李颖悟
出 品 人：	刘　刚
责任编辑：	胡小英　楼燕青
装帧设计：	胡志远
责任审读：	付德华
责任印制：	迈致红
出版发行：	中华工商联合出版社有限责任公司
印　　刷：	香河县宏润印刷有限公司
版　　次：	2023 年 3 月第 1 版
印　　次：	2023 年 3 月第 1 次印刷
开　　本：	710mm×1000mm　1/16
字　　数：	220 千字
印　　张：	17
书　　号：	ISBN 978-7-5158-3587-7
定　　价：	68.00 元

服务热线：010—58301130—0（前台）

销售热线：010—58302977（网店部）
　　　　　010—58302166（门店部）
　　　　　010—58302837（馆配部、新媒体部）
　　　　　010—58302813（团购部）

地址邮编：北京市西城区西环广场 A 座
　　　　　19—20 层，100044

http://www.chgslcbs.cn

投稿热线：010—58302907（总编室）

投稿邮箱：1621239583@qq.com

NFT——探寻元宇宙的通行证

作为前沿领域的新生事物，元宇宙对信息产业及各传统行业展现出强大的吸引力，2021 年被称为"元宇宙元年"。2022 年，元宇宙的热潮蔓延至 NFT/ 数字藏品领域。据 DappRader（一个第三平台，可以检查所有 DAPP 的程式）数据显示，2020 年，全球 NFT 市场资产总值仅为 3.17 亿美元；截至 2021 年上半年，则达到了 127.25 亿美元；到了 2022 年一季度，全球 NFT 市场资产总值就高达 164.57 亿美元。国内的数字藏品平台更是呈现"井喷式"爆发增长态势，国内数字藏品平台已从原来的数十家增长到现在的 700 多家。

"万物皆可 NFT"，无数资本、品牌、机构、文化 IP 纷纷入场探索。平台数量与发行热情"双增"，二者共同推动国内数字藏品总发行额的增长。尤其是随着更多主体的加入以及行业标准的日趋完善，NFT/ 数字藏品的市场发展趋势必将势不可挡。预计到 2026 年，我国数字藏品市场规模或将超 300 亿元，足以见其未来发展潜力巨大。

2022 年 5 月，中共中央办公厅、国务院办公厅印发了《关于推进实施国家文化数字化战略的意见》。其作为推动实施国家文化数字化战略、建设国家文化大数据体系的一个框架性、指导性文件，不仅为社会各界贯彻落实国家文化数字化战略指明了方向，也打开了 NFT/ 数字藏品赛道新纪元。

2022 年 7 月 12 日，上海市人民政府办公厅印发了《上海市数字经济发展

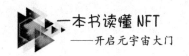

"十四五"规划》（以下简称《规划》）的通知。《规划》提出"打造行业标杆应用，在网络文娱、智能制造、数字内容、交通出行、在线教育、医疗健康等领域，打造具有影响力的元宇宙标杆示范应用"。

在培育数据新要素方面，作为数字贸易新技术新业态新模式，《规划》提出"支持龙头企业探索 NFT（非同质化代币）交易平台建设，研究推动 NFT 等资产数字化、数字 IP 全球化流通、数字确权保护等相关业态在上海先行先试"。

在发展数字新基建方面，《规划》提出发展区块链商业模式，着力发展区块链开源平台、NFT 等商业模式，加速探索虚拟数字资产、艺术品、知识产权、游戏等领域的数字化转型与数字科技应用。

NFT 作为一项区块链技术创新应用，不仅能够使数字内容资产化，并且依托区块链技术，保证资产的唯一性、真实性和永久性，增强其流动性，还可以确立购买者的所有权。脱胎于区块链技术的 NFT 天然具有的不可复制、不可分割、唯一序列号等特性，使其成为探索元宇宙的钥匙和通行证。

通过探索 NFT，我们看到的将不只是数字艺术、资产价值、确权证明等，而是一个美丽的未来世界——元宇宙。这个未来世界，将由一个个彼此独立却又紧密相连的子宇宙星球组成，人们在任何一个子宇宙中进行的生活、社交、交易等活动，都可以由 NFT 来完成认证。可以这样说，只要拥有 NFT，就能将价值从这个子宇宙不受限制地带到另一个子宇宙。

在元宇宙中，NFT 能印证万物，能联结虚和实。它既是艺术 IP 的数字藏品化，又是实体经济的数字资产化，因此，它既能成为品牌价值的存证，又能成为世间每一个实物的元宇宙通证。

如今，随着元宇宙时代的到来，虚拟场景、去中心化场景的确权已成为一项新的必要的"基础工作"，因为 NFT 的本质是数字资产真实性和所有权的映射，所以，它无疑是最匹配这项工作的。

未来，随着 NFT 现象级应用越来越多、NFT 市场规模的不断扩大，以及 NFT 赛道的加码和细分，在社交、文娱、文旅、游戏、数字版权、内容创作、资产交易、支付服务、营销、内容收藏等众多领域，NFT 将体现出更大的价值，并不可避免地成为元宇宙内数字资产最有效的载体以及连接虚拟与现实世界之间的桥梁。

NFT 的未来，绝不只是文创行业的数字藏品，它将进入各种行业，让每一行都用上 NFT 这一元宇宙技术，并最终赋能实体经济，有效激发实体经济的活力。

NFT 最终带来的将是一个去中心化、价值变现的多元世界，而这正是元宇宙。因此，NFT 必将开启元宇宙的未来之门，并支撑起元宇宙的辉煌！

本书首先系统阐述 NFT 的来龙去脉、与元宇宙的关系，以及 NFT 的商业机会与主要应用场景，同时介绍 NFT 进入国内数字藏品和 NFR 形态。其次，通过阅读本书，读者还可以了解如何进入 NFT 行业，以及如何做好风险防范。最后，本书还展望了 NFT 行业在未来的发展趋势。

本书不仅是一本了解 NFT 的入门书籍，同时也可以作为 NFT 从业者和爱好者手边的参考书。感谢你的阅读，欢迎你将宝贵的意见与建议发送至邮箱 381983@qq.com，以帮助我们进行改进和优化。

目录

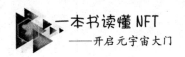

第六章　NFT 的获得与价值评估　/　131

第七章　NFT 的应用场景　/　153

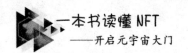

第一章

NFT全面解析

无论是入门新手，还是资深玩家，全面梳理解析 NFT，有助于更理性地理解、参与 NFT 这一新兴行业，赚取你认知范围内的财富，而不只是跟风或炒作。

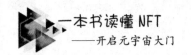
NFT 的定义：基于区块链的非同质化代币

2021 年 3 月 11 日，艺术家 Beeple 的拼贴图作品被拍卖平台以非同质化代币（NFT）的形式拍卖出 6 930 万美元的天价，被认为是数字艺术史上的一个"里程碑事件"。除此之外，音乐家 Grimes 的艺术品在 20 分钟内创造出了 580 万美元的收益；一只名为"彩虹猫"的 GIF 动态表情包以 60 万美元成交；一个加密的朋克头像，售价超千万美元……

一时间，NFT 火得发烫。2021 年 12 月，NFT 更是入选《柯林斯词典》2021 年度热词第一名。人们不禁问道：NFT 到底是什么，竟然如此神奇？

NFT，其英文全称为 Non-Fungible Token，翻译成中文就是"非同质化代币"，用来表示数字资产的加密货币令牌，可以进行交易。其中，Token 可以翻译成代币，也可以翻译成通证或令牌，意思是表示经过加密的，由智能合约生成的，主要用于传递价值的虚拟货币。NFT 是元宇宙概念的产物之一，自进入中国以后，主要表现形式有数字藏品和 NFR（Non-Fungible Rights，非同质化权益）。

通俗地理解，NFT 就是一种数字化代币或者资产，即一种数字交易代币或者数字艺术品。比如，有人购买了一个 NFT，其实就是购买了这个数字资产的所有权。

它与 FT（Fungible Token，同质化代币）相比有着根本的不同。所谓同质化，即指资产之间遵循着相同的规则，并且可以进行交易置换和自由分割。同质化代币是互相可以替代、可接近无限拆分的 Token。例如，你手里的一个比特币与我手里的一个比特币，这两个比特币在本质上没有任何区别，这就是同质化，是同质化代币。

相较于 FT，NFT 的关键创新之处在于，它提供了一种标记原生数字资产所有权（即存在于数字世界或发源于数字世界的资产）的方法。

同时，NFT 由于其具有非同质化、不可拆分的特性，使得它可以锚定现实世界中的商品。简单来说，NFT 就是发行在区块链上的数字资产，这个资产可以是游戏道具、数字艺术品、门票等，并且具有唯一性和不可复制性。由于NFT 具备天然的收藏属性和便于交易，艺术家们可以利用 NFT 创造出独一无二的数字艺术品。

NFT 与 FT 相比，二者之间具有以下的相同点和不同点，如表 1-1 所示：

表 1-1　NFT 与 FT 之间的异同点

类别	FT	NFT
相同点	无法篡改：数据及交易记录持续存储，一旦交易确认就无法再篡改	
	可溯源、可验证：数据和所有权能够进行信息溯源，可公开验证	
	透明执行：相关操作流程都是公开的	
不同点	可互换：同种FT可互换	不可互换：同种NFT不可互换
	可分性：可拆分为更小单元	不可分性：不可分割
	统一性：同种FT规格相同	独特性：每个NFT都是独一无二的
	主要作为数字代币	主要作为数字产权证书
协议标准	ERC20、ERC223等	ERC721、ERC1155等

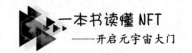
基于区块链技术诞生的 NFT，其背后的核心是一串代码，这串代码被区块链所认证，既是唯一的，也是不可更改的。这就凸显了其独有的价值。比如，某张图片被卖出了 100 万美元，其实它就是一个拥有数字地址的一串代码，购买者也只是拥有了那一串代码，这串代码被放到了某个指定的服务器里。所以说，NFT 是一种确权保证，可以理解为数字资产的"身份证"。

在互联网时代，我们已经拥有了很多不可替代的数字资产，比如手机号、QQ 号、游戏道具等，它们都是不可替代的数字资产。然而，它们有的可以公开进行交易，比如可以到专门的平台交易游戏道具；有的则不允许公开交易，比如实名认证的手机号码。

也就是说，用户并没有真正拥有相应的数字资产的所有权。例如，游戏道具存放在游戏服务商的服务器上，假如这个游戏服务商因为某种原因经营不下去了，那么，这些游戏道具也就不存在了。在这个过程中，用户无法完全掌握自己的数字资产，必须依赖于第三方。

基于区块链技术支持之下的 NFT 则可以解决这个问题。区块链为这个数字资产提供了一个协议层，这个协议层让用户拥有了对这个数字资产的所有权以及更多的管理权限，同时还可以保证这个数字资产的信息不被复制和篡改。

NFT 的属性：唯一性、不可复制性和可追溯性

现如今，越来越多的人开始关注和争先体验 NFT 这种数字产品。NFT 之所以会受到如此热捧，主要是因为它本身具有的一些独特的价值属性。

具体来说，NFT 的价值属性着重体现在以下八个方面。

1. 唯一性

每个 NFT 都是独一无二的，即构成一个 NFT 的不同元素按一定的比例随机组合，进而形成相似却不相同的 NFT。这一点有点像名家的书法作品，即便他写的是同一副字，但是每件书法作品都是独一无二的。

NFT 何以做到这一点呢？这是因为 NFT 运用了区块链中的加密算法和智能合约等技术，利用其对所有价值物进行唯一化标识，使每个事物都拥有自己的专属数字 ID，这个数字 ID 将会是永久的且不可变更的。所以，所有被铸造成 NFT 的事物都会因此而独一无二，无法被篡改或破坏。

2. 不可分割性

NFT 与其他加密数字资产不同的是，它不可以被切割成许多小单位，它只能以整体的形式来进行交易。在生活中，一张 100 元人民币可以分成 2 个 50 元来使用，也可以分成 5 个 20 元来使用。但是，当你想要交易某一件画作时，

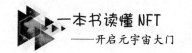
你只能按整幅画来进行交易，不能将其分割成几块来分别出售。

3.不可复制性

在互联网平台上，有很多的图片、音频、视频都是可以被复制的。比如，一些价值不菲的名画，它们的数字版拷贝件却可以在网络上被免费分享，人们无法分辨出哪一个是原版，哪一个是被修改过的，谁是它的创作者。而 NFT 却可以让数字文件，包括图片、视频、音频等实现不可复制。从这一点上来说，NFT 具有的不可复制性将改变整个互联网的底层逻辑和商业逻辑。

那么，如何保证这一点呢？通常，在 NFT 领域复制他人的 NFT 会被认为是一种盗窃行为，并且在区块链上很容易就能被证明。比如，A 拥有 NFT，并不意味着其拥有原生产权。NFT 的铸造者拥有原始版权，NFT 的购买者并未获得相应的版权，只是拥有该 NFT 的副本及一定的展示权，二者之间存在较大的差异。在这种情况下，即便购买者支付了相应的费用，也不可随意进行复制，否则就是侵权行为，版权所有者可以通过区块链存证，有权要求获得侵权赔偿。

4.可追溯性

NFT 是建立在区块链技术之上的，所以，每一个产品从发布到交易，到再次流转，都有自己唯一的识别码。上链后所有交易的 NFT 产品信息都可以溯源，而且不可逆转，也不可以被篡改。这样一来，可以证明其真实性，并防止被欺诈。比如，某艺术家将自己的 100 件作品铸造成 100 个 NFT，那么，每个 NFT 在区块链平台上都是可以被单独跟踪的。

5. 可交易性

NFT 本质上是一种数字资产，可以在相应的市场进行交易。加之 NFT 是去中心化的，不需要中央发行机构及第三方的干涉，故交易过程会变得比较容易。比如，在游戏领域，NFT 解决了传统游戏中的排他性问题。因为资产可以很容易地在不同的区块链游戏平台之间被转移使用。用户在 NFT 游戏中建立或购买的资产，是由用户个人而不是游戏公司拥有的，所以，这些资产可以在不同的平台之间转移，并且可以从一个游戏带到另一个游戏。

6. 可编程性

NFT 的本质，其实是区块链上的一段代码（智能合约）自动生成的，这就意味着它可以被设定为具有各种特性。比如，一个有用的特性就是版税可以编程（或内置）到通证中，这样艺术家就可以从他作品的所有二手销售中获得版税。再比如，CryptoKitties 和 Axie Infinity 等 NFT 项目都引入了繁育机制，并能将代币进行编码。每一个 NFT 都由元数据组成，这些元数据赋予了每一个代币不同的特性，包括大小、所有者名字、稀缺性等。

7. 互操作性

不可替代的令牌标准允许 NFT 在多个生态系统中轻松移动。当开发人员开始新的 NFT 项目时，这些 NFT 可以在数十个不同的钱包提供商中进行立即查看，并且，随时可以在市场上进行交易，也可以在虚拟世界中显示。之所以能够做到这些，是因为开放标准已经为读取和写入数据提供了清晰、一致、可靠和许可的 API（Application Program Interface，应用程序界面）。

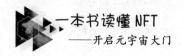

8. 传播性

NFT 的极速可交易性会让传播性得到大幅提升，使得 NFT 市场可以满足受众的各种需求，新手也能很快学会如何进行 NFT 交易。

在艺术领域，因其所有权可以确保艺术家作品的版权，因此，艺术品的传播范围会更广，艺术爱好者也能从多平台了解艺术品，其拓展了数字资产这一独特的市场。

除了上述八大属性外，NFT 还具有别的一些属性。比如：公开性，即 NFT 从创建到交易，或者是转让的每一个环节都是公开的，任何人都可以看到，任何人都不可以作弊；社交性，NFT 具有很强的文化属性和互动属性，参与者购买后就获得了其不可更改的所有权与使用权，而这种购买行为具有较强的社交意义；标准化、传统的数字资产并没有统一的表达方式，但 NFT 的合约标准则可以令其在公链上进行统一显示。

NFT 的本质：智能合约 + 智能合约 ID

现在有很多的投资者、公司都在研究 NFT：哪些 NFT 项目可以做？如何通过 NFT 赚钱？NFT 究竟会带来怎样的商业逻辑？……

不论做哪方面的研究和尝试，前提都是要搞清楚 NFT 的本质。那么，NFT 的本质是什么？从概念上看，是"非同质化代币"，是架构在区块链技术上的，是不可复制、篡改、分割的加密数字权益证明，即一种去中心化的"虚拟资产或实物资产的数字所有权证书"，这是一种直观的理解。

确切地说，NFT 是智能合约 + 智能合约 ID。为什么这么说？我们可以从两个层面来分析。

首先，从技术层面来看，NFT 以区块链智能合约的形式发行，一份智能合约可以发行一种或多种 NFT 资产，包括实体收藏品、活动门票等实物资产和图像、音乐、游戏道具等虚拟资产。

其次，从物理层面来看，NFT 只是机器生成的一串数据，由底层技术赋予了不可篡改性等特点，故可被用于权益证明。

所以说，NFT 的本质是由基于区块链的智能合约创建、维护、执行的非同质化数字资产通证，是一种标记数字资产所有权的方法。区块链记录了每一个 NFT 资产的 Token ID、资源存储地址以及它们的各项信息。也就是通过智能合约的方式将资产数字化，并通过合约 ID 来确定其所有权。

现在，我们来举几个例子。

你花 5 万块钱买了一块手表，你的朋友见了之后说："最近想见个客户，能否借你的手表用一下？"你回答朋友说："可以，没有问题。"然后，朋友把你的表借去了。你不必担心朋友不还，为什么？因为你买表时有交易记录，它可以证明这块手表只属于你。

在现实世界中，物品与它的所有权往往是绑定在一起的。比如，你购买了一块表，你在得到这块表的同时，也拥有了它的所有权。不经你本人同意，别人不可以拿走或使用这块表。但是，虚拟物品就完全不同了，它可能是一张图片、一段动画，可以被无数次复制，可以让成千上万的人拥有。那么，如何证明某张图片或某一段动画是属于自己的呢？在花钱购买它们时，NFT 给你出具了一个凭证：不论这张照片、这段动画被复制了多少次，你都拥有它的所有权。如果别人将其用于商业行为，那么，你就有权去起诉对方。

因此，NFT 相当于是一份合约书，即在数字世界里标记数字资产独特性的合约。这份合约书记录着诸如这样的信息：谁是 NFT 的创造者，购买者是谁，每次流转的详细信息等，如图 1-1 所示：

图 1-1　区块链上的智能合约交易

要正确认识 NFT 的这一本质，需要从三个方面来看。

1. 把合约与标的物分开

我们不可以说"这个 NFT 比那个 NFT 便宜"，而应该说"这个 NFT 所指代的物品比那个 NFT 所指代的物品要便宜"。被 NFT 所指代的物品，一般称它们为"标的物"。

2. 体现标的物的独特性

NFT 不只是一份合同，还包含一个重要信息：这个被标记的物品与其他的物品是不一样的，即 NFT 是一份标记独特性的合约。正因为这一点，很多艺术家都非常推崇 NFT，这是因为 NFT 会告诉每一个人，不论这幅画被转载、复制、分享了多少次，它的原创作者只有一个。

3. 也可以用于现实世界

很多人认为，NFT 只存在于"数字世界"中，且 NFT 是一连串代码。由此认为 NFT 只能标记虚拟世界的物品，其实不然，它也可以标记现实世界的物品。比如，一些画作、一些音乐作品等，它们既可以存在于数字世界，也可以存在于物理世界。再如，现实世界中的房子、红酒等资产，也可以用 NFT 来标记。某人给一款红酒拍了照片，同时记录下了它的年份、产地、所用葡萄品种、酿造方法，等等，然后在链上铸成了 NFT。如果有人想要和他交易这款红酒，那么，完全可以只交易这个 NFT，而无须去搬运酒窖里的红酒。正因为 NFT 具有这一优势，一些线下的交易行为可以转移到线上来进行——直到有买

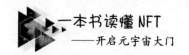

家想在线下兑换实物为止。如此一来，不论其间交易进行了多少次，都只需要搬运或运输一次即可。

当然，用 NFT 标记现实中的实物也存在着一定的风险。以上面的红酒交易为例，如果买家买了一瓶被标记的红酒，但是在去某个酒窖提货时，发现这瓶酒不在了或是被别人喝掉了，那么，这就会给买家带来一些损失。即使卖家弥补了买家的经济损失，也会让这种交易方式看上去不那么可靠。因此，NFT能最先发挥其价值的地方并不是在现实世界里做标记，而是在数字世界里做权益证明。

NFT 的底层技术：区块链

区块链技术对 NFT 来说非常重要，因为它构建了 NFT 的底层技术。NFT 基于区块链技术来进行确权，获取身份标识，帮助每一个独一无二的事物进行版权确认。可以毫不夸张地说，没有区块链技术，就没有 NFT。

现在，我们通过一个例子来说明它们之间的这种关系。假如你买了一张照片，区块链的分布式记账技术就相当于用虚拟世界中的扩音器告诉所有人："某某某买了一张照片。"同时，包括向谁买的、买入的时间等详细信息，然后，每个人都把这些信息记录下来。现在，大家都知道了这张照片的所有权属于你。这即是区块链对于 NFT 的价值所在。由于区块链的存在，在进行 NFT 交易时，既不需要中间机构，也不需要一个绝对意义上的管理者。因为每个人都是管理者，也就是可以实现去中心化。

也正是因为区块链技术，才可以确保 NFT 的真实性与唯一性。所以，NFT 可以用来代表各种资产，如虚拟收藏品、游戏内资产、虚拟资产、数字艺术品、房地产，等等。

区块链，这个词本身也曾是一个被热炒的概念。然而，多数人只知其然，不知其所以然。

那么，究竟什么是区块链？

如果非要给它下一个定义的话，区块链是利用块链式数据结构来验证与

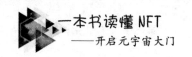
存储数据；利用分布式节点共识算法来生成和增加数据；利用密码学的方式保证数据传输和访问的安全；利用由自动化脚本代码组成的智能合约来编程和操作数据的一种全新的分布式基础架构与计算范式。

再通俗一点来说，区块链就是一种采用多方共识机制来维护完整的、分布式的、不可篡改的账本数据库的技术方案。为了更形象地理解这个"账本"，下面举一个关于区块链交易流程的例子，如图 1-2 所示：

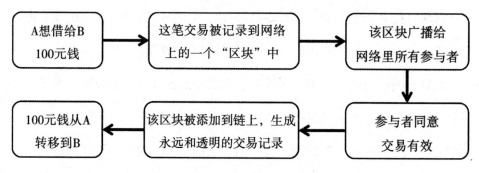

图 1-2 区块链交易记录流程示意图

如果 A 想借给 B 100 元钱，这个时候，A 在人群中大喊："我是 A，我借给 B 100 元钱！"B 也在人群中回应："我是 B，A 借给我 100 元钱！"此时路人都听到了这个消息，见证了这笔交易，并都在笔记本上默默记下了"A 借给了 B 100 元钱"。在这个系统中不需要银行，也不需要借贷协议和收据，严格来说，也不需要人与人之间确立长久的信任关系，可能大家彼此都不认识，甚至 A 与 B 也可以相互不认识，但是，谁也无法赖账。这就是一个去中心化的系统，整个系统中，并没有所谓权威的中心化代理。

再举个例子。你在某网平台上买一台电脑，下单之后付款，钱进入了第三方平台中，并没有直接给商家。发货、收货、确认收货之后，你付出的这笔钱才给到了商家账户中。此时，第三方平台就是一个中心化组织，因为你不相信商家，商家也不相信你，所以，只能让中介机构来保障双方的利益不受伤害。

如果运用区块链技术，你可以和商家直接进行交易，你付钱给他，他发货给你。在这个过程中，系统会将你们成交的信息分布式地存储在所有的用户数据库中。这样一来，你买了这个商家的电脑后，这个商家会给你发货，包括发货使用的是哪一家快递、订单号是多少等都会被系统记录下来。你就不需要第三方平台来给你作担保，因为所有人都可以证明——你确实付了钱，对方也真的给你发了货。

事实上，区块链接技术着重解决的是信任问题。毕竟，人与人之间存在着天然的不信任，但是，人与人之间又需要交易，不论是实物交易还是虚拟物交易。这时候，中间商就站了出来。它们可以是央行、商业银行、政府以及像支付宝这样的平台等，你通过它们来进行交易可以很放心。

然而，通过第三方来进行交易也有很多缺点，例如交易双方需要支付成本。比如，因为所有的数据都在第三方手中，这样一来，第三方就可能会出现造假的情况。这时，有人提出一种构想：能不能通过互联网技术，过滤掉第三方，让交易的双方直接对接？这就是区块链技术的由来。

区块链本身没有也不需要有管理员，它是去中心化的。这一点不同于其他的数据库。即使是有人想对区块链添加审核环节也无法实现，因为它最初的设计目标就是防止出现居于中心地位的管理者。没有了管理员，每个人都可以往里面写数据，那么，如何保证数据是可信的？这就是区块链技术的神奇所在。

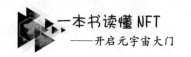

区块链由一个个相连的区块（Block）组成，每个区块很像数据库的记录，每次写入数据，就是创建一个区块。每个区块包含两个部分：区块头（Head），即用来记录当前区块的元信息；区块体（Body），即包含数据本身。区块头包含了当前区块的多项元信息，如时间戳、随机数、前一个区块的哈希值（Hash）等。

哈希值是把任意长度的输入，通过散列算法变换成固定长度的输出，该输出就是散列值。这种转换方式是一种压缩映射，简单来说，就是一种将任意长度的信息压缩到某一固定长度的信息摘要的函数。区块链的哈希值长度是 256 位，不论原始内容是什么，最终都会算出一个 256 位的二进制数字。而且可以保证，只要原始内容不同，对应的哈希值就一定是不同的。

区块中的数据具有不可修改性的特点（如图 1-3 所示）。这是因为每个区块都包含了前一个区块的哈希值。如果前一个区块的数据被修改了，那么，计算出来的哈希值就会发生改变，就会脱离了区块链，结果就是断链了。正是通过这种联动机制，区块链保证了自身的可靠性，数据一旦写入，就无法被篡改。而且，区块只能增加，无法删除。

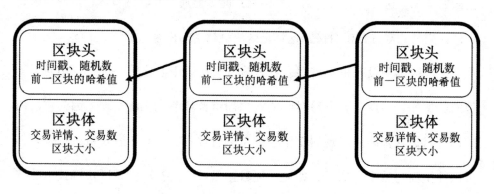

图 1-3　区块链不可修改特性示意图

也就是说，区块链是一种数据库技术。然而，与区块链不同的是，Oracle、MySQL 和 Microsoft SQL Server 这些流行的数据库都需要一个中心去支撑。假如这个中心是一家公司，用户的数据就存储在这家公司，那么，这家公司就存在修改用户数据的可能。

但是，区块链并没有这样一个中心，同样的数据存储在很多个节点上。如果只是少数节点的数据被修改，这并不能被整个区块链所认可，除非大部分节点的数据都做出同样的修改，这种情况从理论上来说有可能发生，但实际上是不可能出现的。因为区块链节点很多，实际上也不可能控制大部分节点，所以，区块链上的数据是无法被篡改的。

正是因为区块链具有多方共识、可溯源、不可修改和时间戳等技术特点，所以，它被应用到了包括 NFT 在内的很多领域。如果说过去是靠信誉、权威机构和名人背书等方式来体现信任，那么，区块链则是利用技术建立了新的信任方式，将彻底改变千百年来的信用机制。

虽然都是区块链技术的应用，但是，在不同的需求、不同的应用场景中，还是存在着一些区别。区块链在很多时候也并不代表就是完全的去中心化，并不是完全开放流通的。根据区块链开放程度的不同，区块链可以分为公有链、联盟链和私有链三种（如表 1-2 所示）。

1. 公有链

公有链，通常也被称为非许可链（Permissionless Blockchain），任何人都可以参与区块链数据的维护和读取，容易部署应用程序，完全去中心化不受任何机构控制。

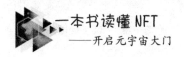

表1-2 公有链、联盟链、私有链的比较

类型	公有链	联盟链	私有链
参与者	任何人可自由出入	联盟或者许可成员	公司内部人员
记账人	任何人	许可成员	公司自定
激励机制	必须有	可选	不需要
中心化程度	去中心化	多中心化	中心化
共识机制	POW/POS/DPOS	PBFT/RAFT	PBFT/RAFT
突出特点	信用的自建立	效率和成本优化	透明和可追溯
承载能力	10~1 000笔/秒	1 000~1万笔/秒	1 000~10万笔/秒
监管	不支持	支持	支持
典型场景	虚拟货币	支付、结算	审计、发行

公有链的应用非常广泛，例如，资产证券化、数字资产的跨链流通……比如，比特币、以太坊等，它们都是公有链项目。

公有链是真正意义上的完全去中心化的区块链，它通过密码学保证交易不可篡改，同时利用密码学进行验证以及实现经济激励，在相互陌生的网络环境中使用户彼此之间建立共识，从而形成去中心化的信用机制。在公有链中的共识机制一般是 POW（Proof Of Work，工作量证明）、POS（Proof Of Stake，权益证明）或 DPOS（Delegated Proof Of Stake，代理权益证明）。

2. 联盟链

联盟链是一种需要注册许可的区块链，它也被称为许可链（Permissioned Blockchain）。联盟链仅限于联盟成员参与，联盟规模可以大到国与国之间，也可以是不同的机构或者企业之间。

区块链上的读写权限、参与记账权限，按照联盟规则来制定。整个网络由成员机构共同维护，网络接入一般通过成员机构的网关节点接入，共识过程由预先选好的节点控制。因此，联盟链一般不采用工作量证明的挖矿机制，而是多采用 PBFT（Practical Byzantine Fault Tolerance，实用拜占庭容错算法）、RAFT（Reliable, Replicated, Redundant and Fault-Tolerant，可靠、可复制、可冗余、可容错）等共识算法。

和公有链每秒完成交易 10~1 000 笔的交易量相比，联盟链可以达到每秒 1 000~10 000 笔的交易量，联盟链的交易速度更快且交易成本大幅降低。

联盟链可以解决结算问题，能够降低和缩短两地结算的成本和时间，适合于机构间的交易、结算等 B2B 场景。因此，在金融行业中应用最广泛。其中，最知名的就是 R3CVE 组织，即 R3 联盟，有包括花旗银行、中国平安银行、纽约梅隆银行在内的 50 多家银行机构加入。

超级账本（Hyperledger）项目是目前全球市场上最大的联盟链，是首个面向企业应用场景的开源分布式的账本平台。管理方是 Linux 基金会，其成员超过 260 个。

2016 年 5 月，微众银行联合深圳市金融科技协会、深圳证券通信有限公司等金融机构和金融科技企业共同发起成立金链盟，并组建金链盟开源工作组，为金融行业量身定制安全可控的区块链底层平台——FISCO BCOS。

3. 私有链

私有链，仅限于企业、国家机构或者单独个体使用，不能够完全解决信任问题，但是，其可以改善可审计性。常用于企业内部的数据库管理、审计等方面，还有政府的预算和执行或者政府的行业统计数据等。它们彼此之间需要

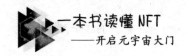

透明，但没必要对外和向公众透明。

私有链的价值，主要是能够提供安全、可追溯、不可篡改、自动执行的运算平台，可以同时防范来自内部和外部的对数据的安全攻击，这方面在传统的系统里面是很难做到的。

尽管分类不同，应用领域不同，但是，用户却都从区块链技术中受益匪浅，也正是因为区块链本身具有的包罗万象和灵活性，让区块链保持活力的同时也给予了它不断自我更新和发展的动力。

后面章节中还会提到跨链和侧链，在此先做一下简单介绍。

4. 跨链

跨链，顾名思义，就是通过一个技术，能让价值跨过链和链之间的障碍，进行直接的流通。

区块链是分布式总账的一种。一条区块链就是一个独立的账本，两条不同的链就是两个不同的独立的账本，两个账本之间没有关联。本质上价值没有办法在账本间进行转移，但是，对于具体的某个用户而言，该用户在一条区块链上存储的价值，希望能够变成另一条链上的价值，也就是实现价值的流通。

如果说共识机制是区块链的灵魂和核心，那么，对于区块链，特别是对于联盟链及私链来说，跨链技术就是实现价值网络的关键，它是把联盟链从分散的孤岛中拯救出来的良药，是区块链向外拓展和彼此连接的桥梁。

5. 侧链

侧链的概念来自比特币社区，于 2013 年 12 月被提出。

　　侧链的诞生，是由于比特币本身或者某一区块链本身的机制存在一些问题。但是，如果是直接在比特协议或者比特币链条上进行修改的话，又很容易出错。而且，比特币区块在一直不断地运行着，万一出错了，它涉及的资金量就太大了。这种情况是不被允许出现的。

　　正是在这种情况下，诞生了侧链。本质上来说，侧链机制就是一种使货币在两条区块链间移动的机制，它允许资产在核心区块链和其他区块链之间互转，以降低核心区块链上发生交易的次数。

　　打个比方，侧链就是在一条拥挤的公路边上再新建一条起点和终点都一样的公路，主要的目的就是解决道路拥堵的问题。

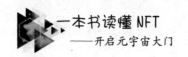
NFT 的底层协议：常见的协议标准介绍

NFT 底层协议标准是，基于区块链的一种能够决定 NFT 属性和私有财产自由转移和交易能力的一种共识依托。它是每一个 NFT 铸造过程中，智能合约生成需要套用的基础模板。任何 NFT 产品的铸造都需要遵循链上底层协议标准的内容，不同公链或者同种公链上的不同底层协议在功能上存在着一些差别。

NFT 涉及具体的底层协议有很多，只有在熟悉了这些标准之后，我们才能更加清晰地认识到 NFT 还能有哪些玩法。目前，最主流的 NFT 底层协议标准有 ERC721、ERC1155 和 ERC998 等。

从主流的 NFT 底层协议标准中可以看出，这些协议都带有 ERC，那么，它代表什么意思呢？

ERC 是英文 Ethereum Request for Comments 的简称，可以译作为"以太坊版的意见征求稿"，主要是用来记录以太坊上应用级的各种开发标准和使用协议。也就是说，ERC 是以太坊的开发者为以太坊社区编写的。因此，在 ERC 的创建过程中，开发人员为了创建一个以太坊平台的标准，提交了一个以太坊改进方案，这个改进方案中包括了协议规范和合约标准。一旦 EIP 被委员会批准并最终确定，它就成为 ERC。

ERC20 是 2015 年 11 月推出的一种技术标准，例如 EOS、USDT（ERC20 ）、

OMG 等，它们都是基于 ERC20 标准开发出来的代币。所以，它是以太坊区块链较早的、比较流行的代币规格协议之一，也是用户接触次数最多的一种同质化代币标准。

ERC20 具有的三大优势是：一是 ERC20 标准规定了各个代币的基本功能，非常方便第三方使用；二是基于 ERC20 标准开发出来的同种代币，它们的价值都是相等的，相互之间可以进行自由交换；三是 ERC20 代币能兼容 ETH（以太坊）钱包，即 ETH 的钱包地址可以接收所有的 ERC20 代币。所以，ERC20 代币能被交易所整合，可进行实时交易。

ERC20 的主要劣势是，其无法通过接收方合同来处理传入的交易。这也是该令牌存在的最大问题。ERC20 令牌无法将令牌发送给一个与这些令牌不兼容的契约，也正因为如此，导致部分资金存在被盗或丢失的风险。

目前，在以太坊上较为出名的 NFT 标准有以下几种。

▲ ERC721：第一个 NFT 资产标准，提供代表单一资产的唯一标示符到地址的映射。

▲ ERC1155：单一智能合约中管理多种类型 NFT，也就是多版限量。

▲ ERC998：可组合的 NFT，可以打包不同类型的代币。

▲ ERC3664：实现了 NFT 属性动态扩展。

▲ ERC994：ERC721 标准的延伸，可以用来在以太坊上注册土地和实物产权。

▲ ERC420：用于数字交易卡标准。

▲ ERC809：通过创建一个 API 来允许用户租用任一"可租赁"的 NFT。

▲ ERC2981：专注于 NFT 版税的以太坊协议。

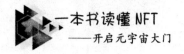

▲ ERC1523：用于保险单 NFT。

▲ ERC1948：可存储动态数据的 NFT。

▲ ERC875：可进行批量转移的 NFT，可以发行门票，可以用于商品的防伪溯源等。

下面向大家介绍六个常见的 NFT 底层协议标准：ERC721、ERC1155、ERC998、ERC1523、ERC1948、ERC2981。

1.ERC721

在加密世界中，同质化代币代表着数字货币，NFT 代表着资产，而资产是具有独特性的。于是，人们发现，常用的 ERC20 标准并不适用于这些独特的资产，因此诞生了 ERC721 标准。

ERC721 标准是由 William Entriken、Dieter Shirley、Jacob Evans 和 Natassia Sachs 于 2018 年制定的。以太坊区块链上用 Solidity 语言编写的令牌标准，允许开发者标记任何任意数据的所有权。ERC721 代币标准则代表了数字资产的所有权，使其具有动态性和多样性的特征。

从诞生至今，ERC721 标准是应用最为广泛的 NFT 底层协议标准，它的主要特点是，每次交易只能包含一个 NFT，每一个 NFT 就是一笔交易。当一个 NFT 通过 ERC721 被创建时，它就拥有了独一无二的、不可分割的属性。如今市面上的很多 NFT 都是基于 ERC721 标准协议创建出来的。

如今，人们可以用 ERC721 标准的 NFT 代表具有"独特性"的数字资产或实物资产的所有权，比如房地产、艺术品、债券、虚拟收藏品等。它的最大优势是能保证所有权的安全性、所有权转移的便捷性以及所有权历史的不可更改性和透明性。

2.ERC1155

如前所述，ERC721 适用于那些具有独特性的资产，然而，所有资产都具有独特性吗？答案是不一定！举个例子，在一间办公室里，每个人使用的办公桌都是相同的，虽然这些桌子都是"独立"的，但是，它们并不具有独特性。再比如，一款游戏中的一些装备，它们是玩家可以获得的"独立"资产，但是它们并不"独特"。

相对于 ERC721，ERC1155 更适用于这类并不"独特"的资产。这类资产有一个共同的特点，即它们都属于"某个品牌的某个型号"，但是，与 ERC721 标准的 NFT 不同的是，它们在数量上不止一个，而是成千上万个，甚至更多。

最初，ERC1155 协议标准是为了提高游戏内道具转移效率而创建出来的，其最主要的特点是，可以将多个 NFT 进行打包处理，并进行多方发送，这在很大程度上解决了 ERC721 单次转移带来的高成本和烦琐程度，由此使得 NFT 的价值转移过程变得更加快捷高效。

有趣的是，ERC1155 标准允许每个代币的 ID，代表一个新的可配置代币类型，它可以有自己的元数据、总量和其他属性。因此，诸如游戏道具、会员卡等类型的 NFT，通常会选择使用 ERC1155 协议标准。可以说，采用 ERC1155 标准的 NFT 是"同质化的"非同质化代币。

ERC1155 与传统的代币相比有一个很大的不同，就是不能直接销毁。相反，除非当初的开发人员定期买回代币，否则，它们会一直流通。因为基于该

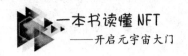

标准，在任何时间都可以创建和销毁资产。

3.ERC998

ERC998 又被称为"可组合非同质化通证"，与 ERC1155 一样，它也可以同时打包多个 NFT，并能够进行多渠道发送，但二者之间存在着一个明显的区别，即 ERC998 可以将 NFT 和 NF 一起进行打包并发送。它是相对于 ERC20、ERC721 的衍生形态。

ERC998 是以 ERC721 标准为基础进行了扩展，可以简单理解为使用 ERC998 的 NFT 是一个包裹，这个包裹中装着各式各样的 NFT 及同质化代币。这对于区块链游戏而言，是一个重要的创新。有了 ERC998，游戏中的角色身份就不再是一成不变的，而是可以随着获取的装备、道具以及与其他角色融合而产生更加醒目的外观与属性，使链游中的各类虚拟资产变得更加丰富与灵活。

4.ERC1523

ERC1523 是 NFT 的保险协议。保险单是一类非常重要的金融资产，故非常有必要将这些资产表示为一类遵循既定的 ERC721 标准的不可替代的代币。基于这个原因，ERC1523 被正式创建，成为定义保险单所需的附带元数据结构的一个标准。

也就是说，保险属于金融产品，从某个角度来看，它们也具备一定的独特性，例如保费、承保期限、承保人等。ERC1523 需以 ERC721 标准为基础，并在此基础上提供一套适用于各类保单的通用型模版，将保单转换为一个 NFT。目前，国外已经有一些应用开始进行交易、转让或以其他方式将保单作为一种资产来处理。

5.ERC1948

ERC1948 是可以存储动态数据的 NFT。该协议基于 ERC721 标准，在 NFT 中增加了 32 字节的数据字段，允许用户访问 NFT Read 功能，而且 NFT 的所有者也有权更新数据，即 ERC1948 协议赋予了 NFT 存储动态数据的功能。

6.ERC2981

在当前的 NFT 市场中，有大量的加密艺术创作者和 NFT 交易市场，比如 OpenSea。虽然 NFT 市场前景向好，但值得注意的是，并没有一套公认的方法可以在 NFT 作品的销售过程中给原作者带来版税收益。特别是在传统艺术市场，由于很难准确、透明地追踪到艺术品的流通路径，即便艺术家想收取版税，也不知道应该去找谁收取。所以，他们往往只能获得第一次售出作品时的收入。

区块链和 NFT 的出现有效地改变了这一现状，特别是 NFT 版税标准 ERC2981 标准很好地解决了这一问题。ERC2981 标准让每一个加密艺术家、NFT 创作者都可以从作品每一次的销售中拿到应得的版税收入。有的艺术家甚至会以极低的价格发售艺术作品，其主要收入为后续销售获得的版税。

除了上面提及的这些协议以外，还有其他一些与 NFT 相关的协议。每种协议都有自己的特点、专长，有的尚属草案，有的已在加密世界中实现落地应用。可以预见的是，随着 NFT 市场日渐规范、成熟，会有更多与 NFT 有关的协议被定义、创建、应用。

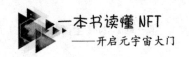
NFT 的元数据：链上元数据与链下元数据

如今，越来越多的人认知到"独一无二"是 NFT 的价值所在。除此之外，NFT 的元数据同样具有重要价值。提到"数据"，很多人会想到特定的数字签名或是网站的数据等。

元数据，又称中介数据，属于描述数据的数据，主要功能是描述数据属性的信息，用来支持如指示存储位置、历史数据、资源查找、文件记录等功能，即元数据就是描述数据的数据。这样的说法可能有些拗口。举个例子：公众号上面发布的一篇文章有标题、作者、发布时间、标签等信息，这些信息就是文章的元数据。

NFT 元数据将 NFT 定义为一个对象，即它是一组有关数字资产的信息集合，其中包括文件名、创作者、文件内容、创作时间等详细信息。

比如，短视频 NFT 的元数据，是该短视频的长度和构成其各个帧的图像等。数字艺术品 NFT 的元数据是特定的生成属性等。对于大多数的 NFT 来说，元数据和 NFT 并非一体。恰恰相反，NFT 包含一个指向元数据的链接，该元数据位于在线其他地方。对一个普通的互联网用户而言，在打开一些网站或是下载一些软件时，经常会遇到链接失效的问题。为什么会出现这种情况？是因为链接或服务器出了问题。如果一个 NFT 储存在常规的服务器上，那么，当该服务器关闭时，这个 NFT 就不复存在了。如果你只是指向存储 NFT 服务器的链接失效而服务器本身没有问题，那么，NFT 可能还存在——但是，你之前描述它的一些信息已经不存在了。

如此一来，人们不得不思考元数据的安全存储问题。毕竟，实体资产不会凭空消失，对于 NFT 来说，这是一个人人都会在意的问题。比如，当你花 10 万元从银行购买到几根金条后，你可以选择放在家里或是选择银行托管，无论如何它都不会凭空消失。但是，当你花大价值购买一个 NFT 头像时，你自然会想：这些数据存在哪里？它安全吗？毕竟，只要是数据，就存在丢失的风险。

那么，如何保证 NFT 元数据的存储安全？这就涉及元数据的存储形式。目前，主要有两类元数据存储形式：一类是链上储存；另一类是链下储存。

1. 链上储存

如今，NFT 使用的区块链主要有 Ethereum、Flow、BSC 等公链，以及 Polygon、Ronin 等侧链。受限于高燃料（Gas）成本和链上拥堵的通信条件，大部分的 NFT 项目只是将 NFT 的权属数据存储在链上，以此来确保权属的不可篡改性、可追溯性以及不可否认等特性。在进行交易时，无须通过第三方机构，而是通过链上的智能合约来直接完成。因为使用了不受任何第三方控制的技术作为信用中介，故能有效提升 NFT 的流动性。

与此同时，链下通过构建自主可控、安全可信的数据传输通道、安全计算等平台，实现数据的可控共享。当然，在有些情况下，链下存在一些复杂的元数据信息与权属存储系统分离，这在一定程度上让人们对被区块链技术严密保护的权属产生了些许隐忧。

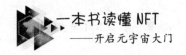

2. 链下存储

目前，NFT链下的存储方式主要有四种，分别是：中心化存储、中心化可验证存储、去中心化存储、分散可修复存储。

（1）中心化存储。所谓的中心化存储，即将元数据集中存储到一个网站服务器里，并在元数据中保存指向该网址的链接方式。该NFT的图片是直接存储在项目官网的服务器上。从长远来看，这种存储方式存在两个问题：一是数据存在被网站所有者篡改的风险；二是在未来的某一天，网站可能会因为一些特殊的原因而关闭，从而导致链接失效。

对于采用这类存储方式的图片类NFT项目而言，在购买之前，一定要谨慎评估项目方的实力，以及长期维护该项目运转的意愿。毕竟，这类NFT除了图片本身外，没有其他任何附加价值，一旦对应链接指向的图片被篡改，那么，购买方的损失将是巨大的。

有人可能会说，区块链本身具有不可篡改的特性。事实上，这种不可篡改性主要体现在元数据内保存的网址链接上，即不可更改打包在元数据中的网址链接，它的指向是特定的。但是，中心化存储中的网址链接具体指向哪里，区块链无从知晓，也没有办法控制。所以，以这种形式存储的NFT，就结构而言，仍然算不上是真正意义上的去中心化。要知道，一个项目的去中心化程度，取决于其所有组件最中心化的环节，只要其中一个环节采用了中心化的技术栈，那么，它就是一个中心化的项目。

所以，采用这类存储方式的图片类NFT，不具有不可篡改的区块链基本特征。也就是说，你花大价钱买到的图片，很可能只是一个固定在区块链上的网址链接，甚至是可能连图片都算不上。总之，这种集中存储会带来被篡改、拒绝服务等风险。

（2）中心化可验证存储。集中式可验证存储是对集中式存储的优化。以 CryptoPunks 为例，它首先将产品集成映像，并存储在集中服务器中；其次，将该映像的加密哈希值存储在智能合约中进行验证。这种存储方式有一个好处：可以通过哈希值来验证图像，以确保没有进行任何修改，并且 NFT 媒体数据不会被篡改。然而，媒体数据本身存储在中央服务器里，而不是备份整个网络的节点。因此，这种存储方式依然存在数据丢失、拒绝服务等一些风险，不能从根本上解决 NFT 对合适数据本体的高可靠性的存储需求。

（3）去中心化存储。这种存储方式在区块链技术出现之前就已经存在了。虽然它具有与区块链相同的去中心化特征，但是二者却不能直接画等号。

通过常规的互联网可以将数字资产的详细信息存储在云服务器上，这样任何人都可以去访问。在去中心化的网络上，解决方案有所不同。

例如 IPFS（InterPlanetary File System，星际文件系统），它是一个旨在创建持久且分布式存储和共享文件的网络传输协议。而且，是一种内容可寻址的对等超媒体分发协议。在 IPFS 网络中的节点，将构成一个分布式文件系统。IPFS 中的每个文件都有一个唯一的地址，正如 NFT 的 Token URI 一样。这个唯一的地址分布在各个网络节点。一个图像存储在 IPFS 之后便不可被改变，而且会一直保存下去，直到网络消亡。所以，它不受中心化攻击和腐蚀的影响。

采用去中心化存储方式有以下两个优点。

一是不可篡改性。由于其是用于寻址存储文件的域名中包含了文件的哈希值，所以，其与区块链一样，具有不可篡改的特性，这一点更符合加密原生精神。

二是存储成本更低。即便采用结合了区块链激励机制的 Filecoin（文件币）

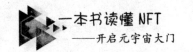

等存储激励层，跟以太坊的存储相比较而言，其成本依然是非常小的。

（4）分散可修复存储。分散可修复存储系统作为解决 NFT 链下存储方案的一种新的可能性，正受到人们的广泛关注。Filecoin、Memo、Arweave 等分散式云存储项目也在积极探索为 NFT 用户提供更好的存储优化解决方案。例如，2021 年，Filecoin 宣布推出了一项全新的免费服务：NFT.Storage。该项服务是专门针对不可分割、不可替代、独一无二的 NFT 推出的分布式存储链下合约，允许用户离线保存 NFT 元数据和内容。

其修复功能基于 Filecoin 的激励机制，通过对存储节点的系统进行打分和验证，可以及时发现和修复已经被损坏或丢失的数据。然而，IPFS 的存储由协议实验室（Protocol Labs）提供，这就需要更多的网络节点参与进一步的分散。因为 Filecoin 中的存储尚未连接到主网络，由测试网络节点提供，所以，数据存在因网络重置而丢失的风险。

目前，该技术还处于起步阶段。未来，随着网络的逐步完善，分散可修复存储系统有望成为 NFT 存储的未来解决方案，它将使 NFT 元数据的存储与所有权的存储更加匹配。

综上所述，为了实现 NFT 存储应用的发展，必须要克服一系列的障碍，比如，匮乏的冗余机制、缓慢的确认速度、高昂的 Gas 费等。与此同时，还要考虑数据的存储安全和用户的隐私问题。

NFT 的价值：数字内容资产化

总体来说，NFT 具有以下四大核心价值。

1. 推动数字内容资产化

NFT 拓宽了数字资产的边界，数字资产不再只是指数字货币，任何一种独特性资产都可以被铸成 NFT，无论是实体资产还是各式各样的数字内容，如图片、音视频、游戏道具等。

2. 保证数字资产唯一性、真实性和永久性

NFT 内嵌智能合约，可以有效帮助创作者证明 NFT 的真实性及解决确权问题；去中心化储存保证了资产永久性存在，不会因中心化平台停止运营而消失。

3. 提高数字资产的交易流动性

NFT 大幅提高了资产交易效率，降低了交易成本，省去了传统收藏品在交易过程中真伪鉴定的环节，增强了资产的流动性，吸引更多的数字资产买家进行交易活动。

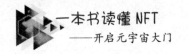
4. 刺激"创作者经济"的持续发展

去中心化的交易模式，不仅提高了内容创作者的商业地位，还减少了中心化平台的抽佣分成。创作者可通过 NFT 内嵌的智能合约从后续的流转中获得持续的版税收益。

在很多人看来，NFT 的世界神秘莫测，如图 1-4 所示：一张图片可以卖9.9 元，变换个场景之后，却能卖到 99 元！甚至是你花一元钱都不愿意买回来的图片，却能以数百万美元的价格成交。这背后的价值逻辑是什么呢？

图 1-4　一个 NFT 作品的示意图

为什么一张看上去很简单的图片，会卖出让人瞠目结舌的价钱来呢？答案是 NFT！

过去，让你花 10 块钱从某网站买一张动物的图片，你会认为这是在交智商税，去网上随便一搜，就可以找到无数的图片，而且可以免费下载使用，为什么要花钱呢？现在，你听说一张很普通的图片，竟可以卖到几十万美元，会不会觉得不可理解？甚至会认为，要一个虚拟的东西做什么用呢？用那些钱来买车、买房，不好吗？即便是买一幅画也好啊，至少可以挂在墙上作装饰，为什么非要从网上买一张图片呢？

之所以不理解，是因为你没有看到 NFT 的价值。

NFT 是一种技术，它能够解决一个非常重要的问题，就是可以赋予虚拟的东西以价值，即可以让数字内容实现资产化。做到这一点，是因为它用到了我们前面讲到的区块链技术，且具有唯一性、不可复制性等特性，故其可以用来以数字资产进行确权。即在虚拟世界中，一幅图片、一段音乐、一条视频等都可以被确认为资产，既然是资产，它们就具有相应的价值。比如，你创作了一幅画，经过 NFT 铸造之后，它便具有了数字身份与价值。

通俗一点说，NFT 的价值还体现在以下四个方面。

1. 交易价值

举个例子，过去画家用纸和笔画画，作品的载体就是那张纸，他们可以把一幅画卖掉，然后收钱。现在很多画家用电脑画画，然后卖电子版。但是，卖电子版有一个问题，就是容易被复制。

那么，如何解决这个问题呢？

创作者在完成一幅作品后，可以对作品进行 NFT 的铸造，就是为这幅画

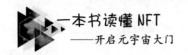

打上了一个凭证。当有人买了它之后，它虽然可以被多次复制，但真正的拥有者只有一个。也就是说，虽然别人可以拥有它的复制品，但不拥有所有权，所以，这些复制品并不值钱，真正值钱的是 NFT 凭证。只有 NFT 可以证明画的所有权。如今，国外有些艺术家正在进行这样的操作，他们通过在线上发行自己的 NFT 作品，并赚取收益。

2. 收藏价值

如今传统的艺术品市场也是鱼龙混杂，很多个人收藏爱好者常常在市场中被骗。而 NFT 存储在区块链上，保证了作品的唯一性和稀缺性，防止出现赝品。

很多东西正是因为稀缺性才具有了收藏价值。随便从地上捡一块石头，没有人想要，因为它本身没有价值，但捡块玉石就不一样了。可是，玉石也是石头，为什么它价值不菲？因为稀缺。NFT 的收藏价值就在于它的稀缺性。

3. 会员价值

人类有独属于自己的文化、部落，并且有交流的欲望。在生活与学习中，我们都有自己的圈子，在那里，我们会遇到志同道合的人。它可能存在于现实世界中，也可能出现在虚拟世界中。

NFT 是培育社区的工具之一，许多 NFT 作为会员代币来使用。NFT 为我们提供了一种在社区中记录的方式，每一位社区成员拥有特定的 NFT。以 BAYC（Bored Ape Yacht Club，无聊猿游艇俱乐部）为例，任何能够证明自己拥有一只无聊猿（如图 1-5 所示）的人，他们都会被邀请进入一个有许多不同实用程序的社区。如果有机会进入私人俱乐部，他们会被邀请参加社交活动和聚会，他们的投资为他们提供了与其他 BAYC 持有者联系的机会。除此之外，他们还有机会通过空投获得额外的代币，包括无聊猿猴俱乐部和变异猿游艇俱乐部等。

图 1-5 无聊猿 NFT 示意图

也就是说，购买 NFT 可为买家提供进入该特定社区的独家门票，他们有机会进入生态系统，并从社区中受益。没有 NFT 的人将无法获得相同的访问权限、建立品牌和从收藏中获利的能力。

4. 身份的价值

每个人都很在意自己的身份，许多时候，它代表着地位。在展示自己的

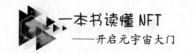

身份时，可选择的方式有很多，如戴一块价格昂贵的手表，穿戴品牌服饰，开高档的轿车……所有的这些事情都是有意识的决定。

与在现实世界中一样，在虚拟世界，我们的身份同样具有某种价值。很多时候，我们可以通过 NFT 告诉数字世界有关我们的身份。

NFT 是数字产品资产化的开端。在今天这个互联网时代，一张数字图片、一个社交账号、游戏中的虚拟人物和装备等，在数字世界中都有自身的价值。特别是在人们生活越来越富足后，消费观念也在发生变化，更注重精神方面的消费。像虚拟世界中的虚拟身份、游戏装备、皮肤等数字化资产越来越成为人们的一种重要精神需求。

但是目前，这些数字资产的价值不能得到很好地保障，主要是因为中心化。也就是说，机构或平台几乎掌控了所有的控制权，原因是只要这些中心化机构、平台关闭了服务器，用户的数字资产就会立刻化为乌有，曾经花钱购买的设备、皮肤、宠物也不复存在。正因为用户对数字资产没有真正的所有权，所以，想要将数字资产变成真正的私有资产，那就必须去中心化。

可是，如何去中心化呢？

NFT 提供了既现实也可行的解决方案。NFT 通过使用区块链提供数字资产的所有权证明，确保用户永久享有对数字资产的所有权，任何人不能篡改。

所以说，NFT 是一种全新的资产类别，在本质上是不可替代的，而且无法被复制，因为它们存储在区块链上，这是一个公共分布式网络，通过该网络可以跟踪出处和交易流程信息，如可以找到诸如是谁首先拥有 NFT、购买和出售的价格，以及首次铸造的时间等信息。如此，人们很容易就可以确定哪个是真品，哪个是假货。

当然，当下有很多人认为 NFT 是炒作的代名词，没有价值可言。其实并不尽然，尤其是随着区块链、VR/AR、虚拟数字人、元宇宙等技术的发展，NFT 将会以一种更良性的方式渗透到人们的日常生活中，NFT 的价值也会变得越来越丰富多彩。

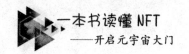
NFT 基本术语：入门必知的"行话"

随着 NFT 的火热，关注、了解 NFT 的人越来越多。但很多人对 NFT 都是一知半解，尤其对涉及的一些名词、术语，更是一无所知。为了便于更多人理解 NFT，非常有必要了解一些基础的 NFT 术语。

1.PFP（个人资料图片）

PFP 是英文 Profile Pics 的简称，翻译成中文是"个人资料图片"，是显示 NFT 所有权的最流行方式之一。它由不同的虚拟形象构成，也是我们通常所说的头像 NFT。

2.Airdrop（空投）

Airdrop，即隔空投送，原指苹果公司 iOS，是 iPadOS 等系统中一个特有的功能，用于在多台设备之间分享文件。而在 NFT 行业中，Airdrop 常被用来表示各平台或组织机构等免费发放加密货币或 NFT。在不同的 NFT 平台上，经常会看到这样的现象：不定时举办一些 NFT 空投活动，用户只要按照活动要求进行相应的操作后，便可以免费获得一个 NFT。

3.Mint（铸造）

Mint 的本意是铸造。NFT 是存储在区块链上的数字资产，在这里，Mint

是指对数字文件进行一系列的操作，使其转化为 NFT 这一数字资产的过程。这里需要注意的是，虽然 NFT 基于数字文件，但并非任何一个数字文件都可以作为 NFT。另外，"铸造"过程也就是常说的"上链"过程，当数字文件一旦上链之后，其所有的数据都将被记录在区块链上。

4.Burn（销毁）

与 Mint 恰恰相反，Burn 的意思是销毁，即销毁 NFT 的意思。当不需要某个 NFT 了或是某个 NFT 项目在正式发售一段时间后还有一些没有售出，这时，项目开发者可能会销毁不需要的或是未售出的 NFT。还有一种情况是，为了让新的 NFT 取代旧的 NFT，比如，一个 NFT 项目出了"新装备"，允许原 NFT 持有者销毁原有的 NFT，从而使原来的 NFT"升级"为具有"新装备"的 NFT。

5.Gas Fee（燃料费）

在 NFT 行业，Gas Fee 被称为"燃料费"或"汽油费"，它是一种支付给区块链网络的费用，用以完成各种交易。在区块链中，不管你进行怎样的操作，如铸造、购买、出售或销毁 NFT 等，都需支付给区块链网络的"矿工"一笔数目不等的 Gas Fee，只有如此，"矿工"才能执行特定操作。因此，Gas Fee 有时也被称为"矿工费"。

通常，燃料费受区块链上的流量以及 NFT 大小影响，如果网络出现拥塞或者是文件过大，燃料费用就会更高。不同的区块链，网络燃料费的高低略有差异，比如，由于以太坊网络的燃料费较高，因此，迫使不少人选择其他的区

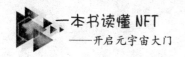

块链。

6.Gas War（费用之战）

什么是 Gas War？直译成中文是"油气战争"，在 NFT 中，可被称为"手续费之战"，即当对同一个项目的铸造需求超过区块链网络在单个区块（或单位时间里）可以处理的交易时，就会发生 Gas War。换句话说，就是当一个 NFT 项目在同时遭到众人抢购时，谁出的费用高，谁就有可能赢得铸造机会。这种情况常发生在比较热门的 NFT 项目中，如果只准备"刚刚好"的资金是很难抢到的。

7.Roadmap（路线图）

Roadmap，特指某个 NFT 项目计划为社群增加价值而进行的一系列活动。目前，路线图已成为众多藏家入手新项目之前都会认真思考的一个问题。一个 NFT 项目能否拥有路线图，主要取决于该项目的规划能力及运营能力的强弱。

8.10K Project（10K 项目）

10K 即 10 000，意思是这个项目的 NFT 数量是 10 000 个不同的图像。即使不同的图片之间存在一些共性，但是从这 10 000 个图像中却也找不出两张是一模一样的，每一张图片都有自己的特点。现在，随着 NFT 的发展，10K project 数量也并不是绝对的 10 000 个，而是对这一类项目的统称，用于指代这种类型的集合。

9.White List（白名单）

White List，其实就是 NFT 的优先权。通常，用户在拿到 White List 后，便可以在 NFT 正式发行前直接铸造或者购买，从而避免参与一场 Gas War。NFT 的 White List 与现实中的一些初创众筹项目类似，即只要加入官方的社群，多关注项目的发展情况，多参与相关活动，和主办方的关系比较亲近，便有机会入选主办方的 White List。

10.Whale（鲸鱼）

Whale 是对拥有大量投资或是拥有大量 NFT 的人的称呼，有点像股票市场中的"主力"。通常，这些 Whale 会大量买进或是抛售 NFT，对 NFT 的市场行情有一定的影响力。所以，很多投资者会密切关注一些 Whale 的操作动态，并通过分析其数据来判断未来市场的行情，进而做出投资决定。

除此之外，还有许多与 NFT 相关的名词、术语，这里不再一一列举了。

第二章
NFT时代的商业机会

随着 NFT 市场的火热，不仅让收藏品、艺术文娱、影视音乐、潮玩游戏等创意产业看到了潜在的商机，就连一些传统的行业也开始摩拳擦掌，准备加速入场。在当下的互联网时代，NFT 正在成为新的商业风口，甚至会成为数字经济时代的一条新赛道。

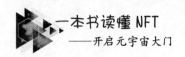
NFT 市场发展历程

不论在哪个行业出现了一个新生事物时，我们都需要持审慎的态度去看待它。NFT 从诞生的那一刻起就争议不断。如今，随着 NFT 市场的不断发展与完善，人们对它有了新的观察与认知，而且，也从 NFT 市场中洞察到了更多的商业机会。

的确，NFT 之所以备受关注，是因为其背后有着巨大的商业价值。正因如此，更要客观理性地去分析、发掘它的价值，必须要了解它的起源和发展历程，如此才能更准确地预测其未来的发展趋势和价值。

最早，NFT 的概念是由"加密猫 CryptoKitties"（一款区块链游戏）的创始人 Dieter Shirley 在 2017 年正式提出的。当时，加密币市场的发展势头可谓如日中天，一时间风头无两，加密猫游戏一经上市，就迅速走红整个网络。随着游戏的走红，不少用户产生了这样一个问题：加密猫如何与 ERC20 实现交互？

其实二者是不兼容的，加密猫是基于 ERC721 标准产生的。为了更好地回答这个问题，Dieter 提出了一个新的概念 NFT，即非同质化通证。此后，NFT 概念开始逐渐进入人们的视野。由此，数字资产不再只是指代加密货币，而是由同质化的加密货币 FT 与非同质化的 NFT 代表的加密资产组合而成。

特别是 2021 年 3 月 11 日，艺术家 Beeple 的一副 NFT 作品被拍卖行拍出天价，一时间让 NFT 火遍全球。随后，一些知名企业相继发布了自己的 NFT

作品，如奥迪汽车发布了系列 NFT 艺术作品，通过 xNFT Protocol 限量铸造与发行，赠送给奥迪车主。漫威、迪士尼、可口可乐乃至国际奥委会都推出了限量版 NFT 产品。目前，NFT 生态在海外市场呈井喷式增长态势，NFT 在进入中国之后主要是以数字藏品的发展为主，也是如火如荼。

归纳起来，从 NFT 概念的提出至今，NFT 市场经历了萌芽阶段、起步阶段、建设阶段和爆发阶段。

1. 萌芽阶段（2012—2016 年）

事实上，在 NFT 概念被正式提出之前，类似的概念、提法已经出现了。比如，2012 年诞生的彩色币被认为是较早的类 NFT 通证，它是由一组被赋予特定属性的比特币构成，可以代表货币、商品证书、智能财产以及其他一些金融工具。彩色币的诞生让很多人意识到将资产发行到区块链上的巨大潜力。

2014 年，点对点交易平台 Counterparty 创立，其支持资产创建、去中心化交易。在这一时期，大多数的项目都是围绕加密货币领域创建的，并没有引起人们特别多的关注。其实，真正让 NFT 从概念落地到风靡数字世界的，是在 Counterparty（交易对手）上创建的 Rare Pepes（稀有佩佩），它是一个可将热门 meme 悲伤蛙做成 NFT 的应用。meme 被译作"模因"，其实它就是一种表情包、图片或者是一句话，甚至是一段视频、一组动图。

2. 起步阶段（2017 年）

随着以太坊环境的日益成熟，2017 年 6 月，第一个 NFT 项目 CryptoPunks 出现，即由 Larva Labs 在区块链上发行的 1 万个像素头像，第一次将图像作为加密资产引入市场。自此后，Dapper Labs 在 9 月份发布了用于构建 NFT 的

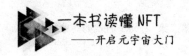
ERC721 标准，并很快又推出热门的 NFT 产品 CryptoKitties。巅峰时期，持有 CryptoKitties 的钱包地址高达 4 万多个。同年，为了向用户解释加密猫与运用 RC20 标准的其他项目的区别，加密猫创始人 Dieter Shirley 正式提出了 NFT 的概念。

3. 建设建段（2018—2020 年）

近期，随着 CryptoKitties 热度的下降，NFT 市场也逐渐回归冷静，进入建设期阶段。交易平台方面，2018 年 2 月，OpenSea 成立，因其发行门槛低，一时间吸引了大量的创作者浏览、进驻，并很快成为最大的 NFT 交易平台。可以说，OpenSea 的出现加速了 NFT 市场的普及。随后，SuperRare、Nifty Gateway、Rarible 等交易平台相继成立。在底层技术方面，Polygon 等侧链及 Layer2 方案初具雏形，Metamask 等 Web3.0 智能钱包不断优化，ERC1155 等新型标准相继推出，NFT 市场基础设施日益成熟。

4. 爆发阶段（2021 年—至今）

在这一阶段，NFT 产品供给更加丰富，与此同时，名人效应提升了 NFT 市场的热度。2021 年 3 月，数字艺术家 Beeple 的作品《每一天：最初的 5 000 天》（*Everydays：The First* 5 000 *Days*）以 6 934 万美元的高价成交。随后，各路明星纷纷跟进，并发布了自己的 NFT 作品，内容涉及娱乐、游戏、体育、音乐等多领域。据 Cryptoslam（成立于 2018 年，总部位于美国。CoinCarp 收集了 Cryptoslam 官网及社交地址、创始人信息、投资人信息，以及其所有的项目融资记录）统计，2021 年全球 NFT 市场实现交易总额 186 亿美元。2022 年 1 月，去中心化交易平台 LooksRare 创立，其凭借低手续费、用户共享收入、代币空投等机制方面的优势快速壮大，在一定程度上促进了 NFT 市场的增长。

　　回顾 NFT 市场的发展历程不难发现，明星产品、交易平台和底层技术，是助推 NFT 市场发展的关键力量。特别是区块链、智能钱包等底层技术的运作，为 NFT 市场的发展奠定了坚实基础，赋能 NFT 项目高效落地。平台和产品的创新为市场注入持续不断的流动性，实现 NFT 市场的高增长。

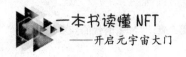

NFT 产业链分析

从 NFT 概念的提出到形成初步的产业链，只用了短短数年时间。全球和国内的 NFT 产业链分为三个环节。

1. 上游：为 NFT 铸造和交易提供基础设施支持

NFT 是架构在区块链技术上的加密数字产权证明，NFT 的铸造、发行、流通及其衍生应用需要一个较为成熟的可用性强的区块链及其底层生态（开发工具、存储、钱包等）作为底层基础设施支撑。所以，上游的技术支撑非常重要，包括区块链的选择、存储方案的设计，以及钱包的开发、结算系统的对接等。

湖南融链科技有限公司长期从事区块链和分布式存储底层技术研究，在 NFT 基础设施技术支持与服务方面，具有丰富的落地实施经验，是 NFT 上游企业代表之一。

2. 中游：根据铸币协议铸造 NFT 并在一级市场发行

中游 NFT 市场的发展非常迅速，而且，项目集中度较高，历史成交额前五名项目占据超一半的市场份额。目前，NFT 的应用领域主要集中在收藏品、艺术品和游戏领域。按照 NFT 映射资产的不同，NFT 项目可分为以下几种类型：收藏品、艺术品、游戏、元宇宙、应用程序、体育运动、去中心化金融等。

湖南鲸喜玛特文化发展有限公司与博物馆、景区和非遗传承大师合作，二次加工设计优秀数字艺术 NFT 产品，并通过自己的平台进行发售；通过这种方式来赋能文旅产业，提高博物馆、景区、非遗作品的社会影响力，是 NFT 中游企业代表之一。

3. 下游：围绕一级市场铸造 NFT，衍生出 NFT 二级市场、数据平台和社交平台等

下游衍生应用层主要是基于项目创作层铸造出的 NFT 衍生出的应用，涉及收藏品、艺术品、游戏、元宇宙、公用事业、DeFi（Decentralized Finance，去中心化金融）等领域。

NFT 生态系统中，传统的营利模式为直接出售 NFT 资产、在二级交易市场中进行交易时收取手续费和游戏内部交易时收取手续费等。而 DeFi 经济的进一步繁荣也为 NFT 生态带来了新的盈利模式。

湖南幻影元界科技有限公司结合 DeFi 与 GameFi，在其卡牌游戏和养成类游戏中植入了 NFT 身份与 NFT 道具，通过经济模型激励和社区运营的方式，给玩家带来更好的游戏体验，是 NFT 下游企业代表之一。

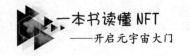

NFT 行业参与者分析

按照 NFT 的发行过程，NFT 行业的参与者包括创作者、NFT 发行方、NFT 托管方、区块链服务方、NFT 交易方、资金结算方和 NFT 收藏者等，如图 2-1 所示：

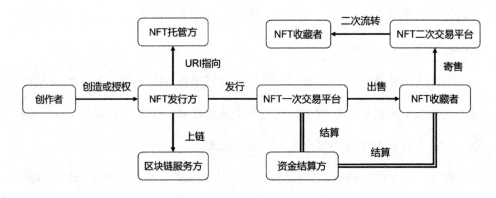

图 2-1 NFT 的发行过程

NFT 发行的主要参与者是：创造者、NFT 交易方、收藏者。每个部分的发展呈现出不同的特点。

1. 创作者

在 NFT 产业链中，处于上游的创作者包括个人创作者和团队创造者。

（1）个人创造者。在传统的艺术品交易市场中，创作者主要靠卖实物作品生存。对多数创作者来说，他们很少有机会出名，也很难把作品卖出高价钱。即便是某些作品卖得很火，也往往与创作者本人的收入无关。为什么呢？

因为在这些作品火起来之前，它们的版权已经被别人买走了，即别人通过一些方式来炒作它们，以此来提升这些作品的价值。

现如今，如果创作者以 NFT 的形式来发行作品，每一次作品所有权的转移，链上交易的价格都是公开透明且可追溯的，作品每交易一次，创作者都有机会从中提取一定比例的版权费。一些主流 NFT 交易平台在给用户提供 NFT 发行的过程中，允许设置一定数额的版权费，创作者可以在每次交易中抽取版权费。比如，在 OpenSea 上发行 NFT 可以设置最高为 10% 的版权费，如此一来，就有效地激励了创作者的创作热情。

（2）团队创作者。近几年受全球疫情影响，不少公司的线下销售渠道受挫，急需加速数字化转型，开拓新客群。NFT 的火爆，让这些公司看到了新的商机。例如，著名的时装品牌 Gucci，在这方面也进行了尝试。2021 年 5 月，Gucci 的首个 NFT 作品以 "Aria" 系列为主题，通过视频形式呈现。视频时长达 4 分钟，暖洋洋的日光下，白马、孔雀和盛装的少女展示着品牌一贯的高级感。该 NFT 在佳士得网络平台以 2 万美元起拍，最终以 2.5 万美元成交。

与此同时，一些游戏公司也将游戏中的资产做成了 NFT。Roblox DPO 2021 年 3 月 10 日上市，上市首日即突破了 400 亿美元市值，元宇宙概念随之走进了大众视野。Axie Infinity 开通了游戏与 NFT 结合的元宇宙游戏模式，成了 2021 年下半年最赚钱的区块链应用，使得 NFT 与游戏结合成为 2021 年加密货币领域最受资本青睐的细分赛道，NFT 作为元宇宙中重要的资产形态也逐渐得到大众的认可。

2.NFT 交易方

在 NFT 产业链中，NFT 交易是一个重要的环节，主要包括一次交易平台

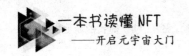

和二次交易平台。对于创造者和收藏家来说，它提供了一个信息中介平台，提高了 NFT 的换手率，增加了 NFT 藏品的流动性，并从中赚取一定数额的交易手续费。

由于加密货币价格波动剧烈，在现实交易场景中，很少人会选择用加密货币进行交易，更多人将其视为投机品而忽略了其货币职能。大部分 NFT 交易所的交易业务是通过合约来实现的，购买 NFT 需要通过某种代币与合约交互，以实现 NFT 所有权的转移。NFT 的交易以代币计价，以代币交易，提升了加密货币的货币属性。

例如，以 OpenSea 为例，它是目前规模最大的 NFT 交易所，也是以太坊生态 Gas 贡献量最大的应用。在每笔 NFT 交易中，它收取 2.5% 的手续费。

可交易作品可分为开放式和认证式两种。开放式，是指所有链上的 NFT 作品都可以进行自由交易。买家可以给任意链上的 NFT 作品出价，即使持有人没有在平台中售卖此 NFT，甚至也不是交易所的用户，如 OpenSea、Rariblecai 等采用的就是开放式。

认证式，是指需要经过平台认证的艺术家才可在平台中发布作品，平台中可交易的作品也是经过认证的，如 SuperRare、Nifty Gateway 等采用的是认证式；Foundation 采用的是邀请式，即需通过平台现有的艺术家邀请才可发布作品，这也是一种变相的认证式，由平台现有的艺术家进行认证。这种交易方式的好处是，可以严格把控平台作品的质量，以平台做艺术性的背书，从而收取更高的收益手续费。

3. 收藏者

对收藏者来说，他们花大价钱买入一些艺术品，除了注重它们本身的艺术价值外，更看重其因稀缺性和独创性等而产生的保值、增值的潜力。通常，价值越高的藏品，在收藏过程中，越是需要支付高额的管理、维护等费用，而 NFT 藏品可以有效地避免这一点。例如，用户可以自行鉴别 NFT 藏品的真伪，极大地减小了鉴伪成本。另外，持有 NFT 无须支付储藏、运输、维护等成本。

中国 NFT 产业链的发展相较国外一些国家来说相对滞后。未来，随着技术的进一步成熟以及平台监管制度的不断完善，相信中国 NFT 产业链价值将会得到进一步突显。

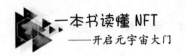

游戏平台抢占先机，试水 NFT 市场

过去，游戏玩家专注于打排位、积攒经验、收集卡牌与道具等。如今，随着 NFT 与游戏的不断融合，游戏玩家不但可以体验游戏带来的快感，而且还可以在玩游戏的同时逛快闪店、听演唱会，甚至是参观艺术展。这不是遥不可及的梦想，而是正在一步步地成为现实。

2022 年 1 月 18 日到 2 月 27 日，极具商业头脑的艺术家 KAWS，选择在游戏"堡垒之夜"上举办自己的虚拟个展 *KAWS：NEW FICTION*，为艺术界的"破圈"做出了新的尝试。

在虚拟个展开幕的同时，同名线下展和 AR 展分别在伦敦蛇形画廊和 Acute Art 应用软件上举办，一时间，吸引了无数网友、游戏玩家的眼球。在现实世界中，蛇形画廊的展览平均客流量不超过 3.5 万人。而在虚拟世界中，全球近 4 亿"堡垒之夜"的玩家可以同时观看此次展览盛况。

相较于其他游戏，作为展览的媒介，"堡垒之夜"被融入了更加开放多元的社交属性。这种尝试给线上游戏的发展、网络社交方式的改变等带来了新的思考。

这次游戏平台试水 NFT 市场，让人们不禁作这样的思考：游戏世界中的精神产物将如何做到变现或是被收藏呢？其实，我们可以从一些案例中找到答案或是得到一些有益的启示。

2019 年 4 月，巴黎圣母院失火，部分文物与建筑被烧毁。育碧公司随即耗时两年详细地研究了这座建筑瑰宝，并推出了一款名为"巴黎圣母院：时光倒流"的 VR 游戏。在巴黎圣母院修复期间，方便玩家在虚拟世界中进行参观。

在现实中，游戏是一把双刃剑。一方面，它要消耗玩家大量的时间、精力等，而且还容易成瘾；另一方面，游戏也融合了美术、雕塑、剧作等各种艺术元素。对于游戏中独具美感和稀缺性的皮肤、装备，NFT 的出现使得这些元素的收集与收藏规则发生了改变。

再如，"我的世界""城市天际线"这一类建造性的游戏，给予玩家极大的创作空间。在游戏"我的世界"中，有些玩家曾经发起过名为"复制地球"的活动，而在游戏"城市天际线"中，玩家可以建造出一些著名的文化古迹。同时，在游戏中建造、设计的城市和建筑，用户自由制作的皮肤等再创作，也可以像艺术作品一样被其他玩家收藏。过去，这些内容一文不值；如今，随着 NFT 的出现，它们开始变得有价值了。

从这个意义上说，过去被认为是虚拟经济的游戏，因 NFT 正在变成"实体经济"，玩家可以描述自己的劳动价值，出售自己的劳动成果，在过去，这样的交易行为更像是"黑市买卖"。而且，NFT 使得游戏二级市场变得更加规范。同时，NFT 的非同质属性，使得基于游戏平台的劳动和创造也能更加合理地变现和进行交易。投入的大量时间成本、练就的经验、人物卡牌，甚至是玩家账号本身，都可以进行安全买卖。

截至 2021 年底，游戏领域 NFT 市场交易额已超过 4 000 万美元，NFT 出售量超过 170 万件。由此可以预见，未来会有越来越多的游戏资产设计师、UGC（User Generated Content，用户生成内容，即用户原创内容）世界建设者做出类似的选择。全球范围内，创作者经济正在发生快速转变。

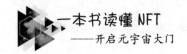
2022 年 7 月 11 日，美国游戏零售商 GameStop 正式上线了旗下的 NFT 交易平台。该平台目前仍为测试版，其官网、社交媒体都已经上线，支持网络为以太坊。在稍早之前，该公司在一份声明中表示，该 NFT 平台将允许"游戏玩家、创作者、收藏家和其他社区成员购买、出售和交易 NFT"。

目前，游戏 NFT 交易市场生态已具备雏形，而且，一些游戏平台能够提供一个庞大的社区，在社区中用户可以看到游戏玩家对游戏的鉴赏和评价，社区的排行榜和成就。系统让平台成为一个比单游戏内更加沉浸的地方。

总之，NFT 可以促进玩家与玩家间的交易，他们既可以出售自己创作的内容来赚钱，也可以购买其他玩家出售的且是自己喜欢的内容。这种方式势必会给玩家带来良好的游戏体验和全新的虚拟社交模式。当然，游戏平台或厂家也会因此获利颇丰。

NFT 重新制定艺术品交易规则与商业逻辑

2021 年，NFT 在艺术市场是一个红极一时的商业概念，甚至很多人坚定地认为，NFT 将是艺术界的搅局者与颠覆者，它将重新制定和塑造艺术品交易规则与商业逻辑。与此同时，越来越多的创作者看好这个市场，跑步进入 NFT 领域，并将他们的作品放入区块链，打造成 NFT 艺术品。可以说，NFT 让艺术家们掀起了一场集体狂欢。

那么，NFT 带来的究竟是新一轮财富红利，还是一场冒险游戏呢？要回答这个问题，必须理性、审慎地看待 NFT 与艺术品市场的融合程度，才能正确评估 NFT 在艺术品市场的商业价值。

前面我们提到过，2021 年 3 月，在一场线上数字艺术品竞拍会上，佳士得网络平台将数字艺术家 Beeple 创作的 *Everydays：The First 5 000 Days*（数字作品）拍出了近 7 000 万美元的天价。要知道，2015 年，著名画家莫奈的画作《睡莲》在苏富比拍卖中的成交价格也只有 5 400 万美元。一时间，Beeple 声名鹊起，一跃跻身"最昂贵的在世艺术家"前三名之列。

在此之后，NFT 艺术品火爆得一发不可收拾，频频拍出天价。这开始引起行业内外的一些思考：在数字世界中，该如何定义、彰显艺术品本身具有的价值，如何精准把握艺术品市场新的商机，并使行业能够保持健康、持续发展？

艺术品不同于普通商品。在传统的实体艺术品市场中，认定价值和价格的背后，有一套包含专业技法、审美标准、文化沉淀、社会属性、经济规律等

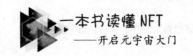
在内的复杂逻辑，而NFT正在发生改变或是可以做到颠覆这些商业逻辑。

在NFT出现之前，普通的数字作品常因其复制成本低、不易溯源等原因而难以认定价值。NFT的出现，则代表一种价值载体的进化，构成一种新的资产形式。也就是说，NFT不是艺术品本身，而是一个所有权证书或凭据。可以对二者的关系可以做一个比较形象的比喻：对艺术品来说，NFT的功能类似于博物馆为艺术品标注来源，打上专有印章，之后，该艺术品还可以继续在互联网内自由传播。

NFT作为一种数字资产，安全摆脱了实体限制，可以与任何内容进行绑定，将内容"货币化"，上链后形成256位的哈希值。买家购买的NFT艺术品，并不是一幅可批量生产或任意下载的图片，而是这串哈希值编码——图片的权属凭证。

在传统认知中，让买家情愿花大价钱购买一件看不见、摸不着、难于展示的"艺术品编码"，是一件让人匪夷所思的事情。然而，一桩桩天价拍卖事件以及各路明星纷纷入局，让我们不得不相信市场正在发生改变。

相比机械地复制式生产出来的数字艺术品，NFT艺术品具备交易价值的底层逻辑，购买行为背后的推动力在于其货币属性和身份社交属性。即购买某个NFT艺术品后，任何场合、任何时间都可以公开证明你的所有权，你也可以卖掉，可以分享它，甚至有权让使用者向你交一笔费用。

由于加密艺术的金融属性强于艺术属性，NFT艺术正在建立一种归属于数字世界的"收藏观"，热衷于数字藏品的藏家也许会逐渐凝聚成一股新生的社区力量。现在，回归艺术视角，观察一些典型的加密作品后会发现，它们在视觉风格上存在共性：赛博朋克、像素风、符号化等。加密艺术市场开辟了一块有别于传统艺术审美的文化聚集地，新的文化体系会孕育出来新的视觉符号。

　　除此之外，NFT 还可能会重塑艺术审美标准。客观上发生的 NFT 艺术事件，正在构建一套属于加密世界的艺术审美体系。很多人认为，这种风格代表着前卫与通向未来。比如，鲸喜玛特设计的一款虚拟数字人，如图 2-2 所示：

图 2-2　鲸喜玛特设计的一款虚拟数字人 NFT 示意图

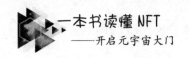

从 OpenSea 看 NFT 的交易

不论是哪个行业，都有独属于这个行业的龙头、霸主存在。比如，饮料行业，有可口可乐、百事可乐双雄；在 CPU 领域，有 Intel 与 AMD 两个超级霸主，等等。这些企业在行业内有绝对的统治地位。

那么，在与 NFT 相关的领域内，谁是所谓的"老大"呢？不置可否，OpenSea 是当之无愧的王者与行业的领导者。可以这样说，只要提及 NFT，就不得不提一下 OpenSea。自 2017 年以来，在 NFT 市场中，OpenSea 占据的交易份额超过 97%，这已经远远超过了诸如谷歌、Facebook、亚马逊等在各自市场领域占有的市场份额。

那么，OpenSea 为什么能赢，又赢在了哪里？要回答这个问题，首先要了解一下 OpenSea 是一家什么样的公司。

OpenSea 是全球最大的 NFT 交易平台，该平台拥有超过 180 万活跃用户。它提供的是点对点的 NFT 交易。该平台拥有众多 NFT 商品，如图片 NFT、音乐、视频、域名、摄影、元宇宙项目游戏商品、虚拟土地、数字版权等。

用户进入 OpenSea 平台的门槛较低。在进入平台后，用户可以购买 NFT，也可以创作并发售自己的 NFT 作品，自己为创作的作品定价，只要有人购买，就能自由交易。平台支持以固定价格、降价、最高出价等出售机制。

OpenSea 公司的代表产品有 CryptoPunks、无聊猿等。目前，该平台支持 200 多种加密货币作为支付方式，OpenSea 会从中抽取交易额（包括首次或二级销售）的 2.5% 作为服务费用。创作者能够在 10% 以内自由设置版税，OpenSea 会将这些 NFT 版税收入每两周转至 NFT 创建者指定的收款账号。

作为 NFT 交易平台中的龙头，OpenSea 成交额最高时接近 50 亿美元 / 月，单月手续费收入超 1.2 亿美元，估值达 130 亿美元，是 Web3.0 时代领域名副其实的独角兽。目前，OpenSea 并没有发行自己的项目代币，这给了其他项目运用代币机制抢占市场空间的机会。这些项目通常会对 OpenSea 的交易用户进行奖励空投，吸引流量以实现交易平台的冷启动，以平台手续费支撑比价，并通过代币激励用户行为。

其次，OpenSea 为什么会成为全球最大的 NFT 交易平台？原因可以归纳为以下三点。

1. 快速打造供需关系

对大多数的传统市场来说，它们都是凭借高效的供应渠道从而获得成功的，OpenSea 也不例外。OpenSea 尽己所能建立初始供应渠道，这些努力促成了 OpenSea 早期与多个项目或艺术家的合作，包括支持 Axies，使用其原生代币 MANA 购买 Decentraland（类似于 Minecraft 的基于以太坊的虚拟游戏），与美国职业棒球大联盟合作销售 MLB 数字收藏品，与死侍（Deadpool，美国漫威漫画旗下的反英雄）官方合作销售数字收藏品，与德国足球俱乐部拜仁慕尼黑合作列出球员卡 NFT，并支持 ENS 域名的交易。

OpenSea 会尽可能多地与一些项目或艺术家建立稳定的合作关系。在建立了稳定的供应关系后，OpenSea 将自己定义为 NFT 平台，并获得了早期合作伙伴，由此源源不断的新项目开始在 OpenSea 上架 NFT，同时也为 OpenSea 带来了客户。因为 OpenSea 支持 NFT 在每次销售中获得版税，使项目本身也得到

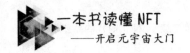
激励，所以会鼓励其客户使用 OpenSea。

2. 用户体验感最大化

OpenSea 认为，市场不应只专注于增加供应渠道，还需要实现产品功能来最大限度地提高用户的体验感。就像 Uber 通过信用卡无感支付，以获得客户的青睐一样。OpenSea 在这方面有出色的表现。比如，该平台实现了强大的过滤和排序功能，以便轻松发现 NFT。有人会认为，这没什么了不起，其实不然。因为每个 NFT 集合都有不同的特征和稀有度。OpenSea 允许"自定义"过滤和排序，根据正在查看的集合进行更改，以便用户可以根据该特定集合细化他们的搜索目标。

之后，OpenSea 采取了具体措施来解决困扰 NFT 爱好者及以太坊用户的最大问题，即高昂的 Gas 费用。由于对以太坊的需求较高，而当前网络的容量又非常低下，所以，用户成交的每笔 NFT 交易的费用都很高。当然，OpenSea 不能控制以太坊网络底层的 Gas 费用，但是，它实施开发了一些功能，有效地降低了这些成本。比如，OpenSea 使拍卖行为能够在链下进行，以便在最终销售期间仅发生一次 Gas 费用。再如，引入"懒人一键铸造"模式，以便艺术家可以免费铸造 NFT，Gas 费由买家承担。在产品的财务方面，OpenSea 也保持着关注的态度，OpenSea 还允许使用除 ETH 之外的加密货币购买 NFT。这一举措非常有效，因为在一些国家用 ETH 购买是需要交税的，而使用稳定币（加密货币）则可以成功避税。

3. 做出正确的选择

对任何一家公司来说，好的产品都是成功的基础，但绝不是唯一的因素。

毕竟，要做好一个项目，那在其生命周期中就必须要不断地做出正确的选择。从这个意义上说，选择决定成败。OpenSea 在其成长过程中做出了许多正确的选择，其中最为重要的一次选择就是对 ERC721 的坚守。也可以说，这是最坚定的一次选择。ERC721 是由以太坊核心开发人员构建的标准，用于规定在以太坊上创建和转移 NFT。OpenSea 立志要在 ERC721 标准之上创建一个市场，用以支持未来所有的 NFT。这样一来，OpenSea 将能为买家提供更加便捷的交易体验。在此之前，每个项目都必须创建自己的市场，例如，CryptoPunks 和 Axies 有自己的 NFT 交易市场。对 NFT 的这种信念，也让 OpenSea 在 2018 年的加密货币寒冬中幸存了下来。

　　未来，随着 NFT 生态爆发，大量的竞争者开始提供 NFT 交易服务，占有绝对数据流量优势的 OpenSea 在捕捉新的机会的同时，也必将面临一些未知的挑战。

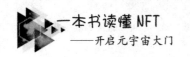
NFT 为解决版权问题提供新方案

如今，数字内容生态虽然日益丰富，但亟须有效界定其归属权。根据国家版权局统计数据显示，2020 年中国网络版权产业市场规模达 11.847 亿元，"十三五"期间年复合增长率近 25%。在数字内容生态丰富化和多元化的背后，网络侵权、盗版问题接踵而来，这对虚拟世界的版权管理方面提出了更高要求。

事实上，版权一直是一个老生常谈的话题。不论哪个行业，侵权事件时有发生，比较常见的有著作权、商标使用权、摘编权等，此类问题的解决途径既耗时耗力，又很难取证。因此，当创作者的权益受到损害时，往往得不到及时且有效的保护。

那么，究竟版权问题是谁说了算？这往往是公说公有理，婆说婆有理，一旦打起官司来，很多时候取证是个问题。

NFT 有望从根本上解决这个问题。NFT 的主要价值主张是为每个单位的创作作品创造一个独特的、区块链支持的记录，而且，这个记录不仅可以编码真实性和稀缺性的含义，还能够让艺术家围绕版权转让、使用和货币化制定和实施规则。

NFT 对版权的保护，也是 NFT 创造初期主要的应用之一。比如，艺术家 WhIsBe 在 Nifty Gateway 上将一部时长 16 秒的金熊动画以 NFT 的形式售出了

100 万美元的价格。

Twitter 首席执行官杰克·多尔西以 290 万美元的价格将他的第一条推文作为 NFT 出售。甚至纽交所，也将历史上一系列有里程碑意义的 IPO 做成了 NFT，《纽约时报》也将一个专栏转变为 NFT 的形式。

与此同时，越来越多的艺术家通过 NFT 的形式发表作品的事实足以说明，他们相信 NFT 可以对作品版权进行有效的保护。

过去，数字内容创作者面临的一个主要挑战是，他们可以轻松地用很少的成本制作出完美的数字副本。由于数字图像或音乐作品可以瞬间被无限次地复制和传播，创作者很难追踪其作品的传播方式和使用对象，并从中受益。于是，数字艺术产生的大部分价值都流向了发行平台和其他中介机构。

得益于区块链技术，这一领域的经济力量平衡很快将转向更有利于创造者的方向。打个比方，如果某艺术家创作了一首歌曲，以 NFT 的形式在区块链上注册，并在线销售，即便是被人买去，自己仍是该作品的创作者，并一直享有相关的权益。

总之，NFT 有助于明晰知识产权，其与知识产权之间的关系体现在以下三个方面。

1. 发行 NFT 有助于确权

对于创作者来说，发行 NFT 有助于确权即声明他对作品享有的权利。一旦发行成功，在后续的交易过程中，创作者可以获得持续的收益，这一点在传统的艺术品交易里很难做到，即便是能够做到，过程也非常烦琐，而且成本较高，而在区块链上则很容易做到。

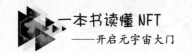

2.提供了新的协作模式

通过发行 NFT，有助于建立新的协作模式，而且这种协作模式成本更低、效率更高。比如，对于用户来说，如果他们参与了某个 NFT 的创作过程，那么，该用户就有机会分享相关收益。假设有位作者写了一部小说，他的朋友认为这本小说写得不错，还帮他创作了一部分情节内容，结果读者非常喜欢这些情节。在这种情况下，作者的朋友并不需要与原作者达成一致，就可以将这些情节作为新的 NFT 发布，并开始流通，而原作者也可以从中获得收益。在传统的发行体系下很难做到这一点，而通过 NFT 就很容易实现了，并且没有什么成本。

3.有助于资源的配置

在整个开放体系当中，NFT 会增加传统作品以及创作者的价值，当前的一些合作门槛在未来的交易体系内都将不复存在。

在知识产权保护方面，NFT 基于去中心化的区块链技术，为每个单位的创意作品提供了一个独特的、有区块链技术支持的互联网记录，基于其不可复制、非同质化的特点，可以通过时间戳、智能合约等技术的支持，来帮助每一件作品进行版权登记，从而更好地保护版权。

对创作者而言，在 NFT 的转售过程中始终可以进行资产溯源，并依照合约规定条款收取一定比例的版税，以便于作者对原创作品的维权及收益获取，进而激励其创作更多的优质内容。对版权方而言，NFT 有利于进行版权管理，能够更好地与创作者之间协调分成比例，为版权资源开发提供新型的商业化形态。

　　总之，NFT 会保护创作者和版权方的权益，给创作者带来价值的同时，给市场资源配置带来更高的效率。这三点同样也适用于诸如游戏、艺术品、域名等其他领域。

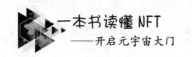

NFT 改变 IP 的创作和授权方式

最初，IP（Intellectual Property）是一个法律范畴的定义，可以简单地理解为"知识产权"。传统意义上的 IP 主要指的是文学、影视、音乐、发明等凝聚原创作者心智的"知识财产"，而在如今的商业环境中，IP 的含义被进一步泛化，即能够在多个平台进行自主传播，由此获得更多关注和流量，并能够做到商业变现的内容，都能够称之为 IP。

从这个意义上说，IP 可以穿越多个形态，可以是标签、是品牌、是文化、是形象，也可以是故事，是人物、是漫画、甚至是一个符号。我们可以说某个明星是 IP，可以说他的某个影视作品是 IP。总之，不管是哪种形态，IP 都具有相应的商业价值。

用 NFT 打造的 IP 与传统 IP 相比，二者之间有明显的不同。比如，某影视作品中有一个人物，他有名字，有形象，有个性，有好恶，这就是他的 IP，你几乎没有办法改变它。那么，这些 IP 是如何产生的？其背后离不开一个团队的操作。这个 IP 一旦具有了价值，该如何在更大范围内发掘这种价值呢？通常的逻辑是：背后的团队会去不停地阐释它，并衍生出动漫、游戏等更多商品。通常，这类传统 IP 被称为"胖 IP"。顾名思义，它承载的内容比较多，涉及的领域比较宽泛。

相对而言，用 NFT 打造的 IP，可以称为"瘦 IP"，为什么？因为这种 IP 看上去有些单薄，没有可借鉴的知识或人物深度。比如，某公司打造了一个

IP——一个玩仔熊形象，你只知道它的外表特征、肤色、发型和配饰等，而对它的性格、个性和内心世界则一无所知，而且创造该形象的作者也没有对此进行定义。像这类 IP 有一个特点，那就是给后续的开发者留有更大的创作空间。

Loot（全称是 Loot for Adveturers，即冒险家的装备）便是用 NFT 打造的 IP。它没有任何人物形象可以展示，也没有创建任何一种具有某些能力、财力和特征的角色，只是提供了一个黑白清单（TXT 文本），并期望用户在此基础上去发挥想象力。当用户买下一个 Loot 后，可以自己定义它的形象、个性等。

当然，这也为 NFT 领域的 IP 授权提出了新的挑战，即在薄弱的物理特征及开放的构建环境中，持有者能为这个 IP 赋予哪些内涵，如何提升叙事的深度，塑造的 IP 形象是否受市场欢迎等，这些都是无法预估的。这也无形中增加了二次创作的不确定性，但与此同时，也激发了用户对 IP 价值的挖掘兴趣。

比如，某个用 NFT 打造的 IP 火了——一组头像，A 公司看到了其背后的商业价值，为了把它融入自身的品牌中，便从市场上购买了一个 NFT 的头像。这样一来，该公司无须烦琐的授权过程，便可以对这个作品进行二次创作，以此提升公司的品牌形象。

与这种 IP 授权模式不同，传统的 IP 授权模式相对来说更为烦琐、限制条件也更多一些，有的即便是前期拿到了 IP 授权，但在后期做任何涉及更改 IP 形象的行为还是需要跟版权方协商沟通，并且授权过期后，需要再重新付费以获取授权，其花费的人力和物力等资源都是巨大的。

为了便于理解，这里再举一个例子。假如你是企业的营销主管，想在品牌推广中使用某位明星的肖像，按照传统的 IP 授权模式，你在第一时间需要联系他的经纪人，与经纪人进行一系列的谈判之后，方可签下可能带有苛刻条

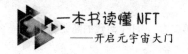

件的授权合同。而如果是以 NFT 的方式进行 IP 授权，那么，操作流程就简单多了，你只需在市场上购买到这位明星肖像的 NFT 就可以了，然后自主进行改编、创作和衍生开发即可。你的所有工作和努力都在打造和赋能永久独属于你的 IP，你甚至可以将改造后的作品重新上链，并生成新的 NFT 进行出售。在 Web3.0 时代，这将是一种常见的 IP 授权和创作模式。

由此可见，由区块链技术和 NFT 带来的 IP 授权模式，不仅可以提高 IP 的流通性和合作的效率，同时也在改变着 IP 本身的创作和衍生方式——增加了二次创作空间。当然，这并不意味着传统的 IP 打造模式就毫无可取之处，比如说唐老鸭、米老鼠等这些经典的形象是让我们的世界变得更有趣的重要组成部分。NFT 也可借鉴传统 IP，向着打造出有内在生命、会思考的 NFT 方向发展。不管是瘦 IP，还是胖 IP，在 NFT 领域二者虽然路径不同，但是，在可预见的未来，凭借区块链技术，二者都将大有可为。

需要特别注意的是，特别是在利用个人 IP 打造 NFT 时，要事先想好发行 NFT 的目的，做好运营规划，如果只是奔着"赚快钱"的目的而来，那么，结果很可能会消耗自身 IP，甚至会有损个人品牌。如今，NFT 虽然过了概念的红利期，热度有所下滑，但是，在未来 Web3.0 时代，它极有可能会开辟出一条独有的优质赛道。

NFT 助推影视业转型

火热的 NFT 市场，吸引了各路大牌明星纷纷入局，这也在一定程度上带动了普通人参与其中的热情。

比如：

足球巨星梅西推出名为 Messiverse 的 NFT 作品，而 C 罗也同样入局 NFT，发行了 NFT 作品；

NBA 篮球巨星库里花费了约 19 万美元购买了一个无聊猿 NFT 头像，并换为自己的推特头像，一度引起粉丝热议；

美国巨星、歌手麦当娜推出了自己的 NFT 项目"创造之母"，全程用的是本人高清视频，视频时长大约 1 分钟的时间；

……

自带流量的明星们在进入 NFT 圈后，闻风而动的粉丝、歌迷、收藏家也随之迅速加入 NFT 圈并抢占坑位，开始买 NFT、炒 NFT，他们大多既是粉丝，也是投机者。

买明星站台或者发行的 NFT 作品，一方面是追星的投机行为，另一方面拥有明星同款系列 NFT，对于他们来说是身份的象征、炫耀的资本，仿佛只要是拥有了明星同款系列 NFT，他们也就和明星踏入了同一个圈层。

如今，越来越多的明星开始推出 NFT 作品，除了能吸引不少粉丝及影迷朋友的喜爱之外，也能证明 NFT 本身的价值。

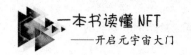

特别是对于演艺明星来说，他们一边积极探索线上世界的传统演出模式，一边期望可以利用自己的 IP 来赢得互联网"资产"，当演出拥抱 NFT，不可避免地会诞生行业的新"玩法"。

1980 年，职场喜剧《朝九晚五》以超高票房轰动全美，如今，原班人马携带 2022 年版职场喜剧《依然打卡上下班》回归。该片沿袭了 1980 年的职场喜剧《朝九晚五》的风格与主题，即在笑声中探讨关于办公室女性在待遇及地位方面的严肃话题。

该片与普通纪录片相比，与其说它是电影，不如说它是一个范本。它几乎盘活了整条产业链路：创立专属网页，与主演联动，邀请网友一起就女性职场议题发声，形成一片社会讨论的热潮；而在商业方面，它们不仅售卖印有影片 Logo 和名称的周边，并且发行了 NFT，实现了社会效益和商业利润的双丰收。

这样的例子还有很多。

比如：

2021 年 10 月 9 日，知名导演王家卫首个电影 NFT 作品《花样年华——一刹那》在苏富比秋季拍卖会上以 428.4 万港元成交；

2022 年 2 月 10 日，IP 数字衍生品平台丸卡牵手电影《奇迹·笨小孩》，推出系列数字藏品头像盲盒；

2022 年 2 月 20 日，美剧《行尸走肉》推出系列 NFT，该系列由 1 000 个来自该电视剧的标志性角色生成的艺术 NFT 组成；

2021 年 4 月，原创 NFT 角色 Aku 被选为电影和电视项目的主角，Aku 是一个梦想成为一名宇航员的黑人男孩，由艺术家 Micah Johnson 创作而成；

2022 年 2 月，女演员瑞茜·威瑟斯彭的制作工作室宣布计划根据中东艺术家 Yam Karkai 的《女性世界》NFT 项目制成电影和电视剧，她认为《女性世界》NFT 持有者将拥有发言权。

从上面的这些事例中可以看出，越来越多的明星、影视公司试图参与到 NFT 中来，这也不得不让人们重新审视它对整个行业的商业价值。那么，NFT 对影视行业究竟会产生哪些影响呢？

1. 记录精彩镜头

影视作品凝聚了所有工作人员的心血，但是，由于时长有限，不可能将所有的精彩瞬间都剪辑在内。这时，可以通过区块链技术将那些不得不放弃的精彩镜头记录在 NFT 作品中。这对明星、粉丝、影迷来说，都算得上是一件值得开心的事情。

2．有效防止盗版

众所周知，困扰影视行业的一个主要问题就是盗版，它严重损害了创作者的权益。由于 NFT 交易门槛低且具有独一无二性，所以，拥有 NFT 标记的影视作品，可以让盗版行为变得可追溯、可验证，从而有效保护作品版权。另外，NFT 可进入二级市场的各类平台进行多次流通，在每次交易行为发生后，创作者都能凭此获利，由此增加了所有权的可交易价值。

3．便于新作发行

过去，人们有收藏黑胶唱片、磁带、CD/DVD 的习惯，但在数字时代，影视作品就失去了实物载体，因其只存在于数字文件中，这也给发行带来了一些问题。NFT 出现后，可以像过去发行 DVD 一样来发行影视作品。很多人都希望自己收藏的磁带、CD 是原版的，甚至希望有原作者的签名，NFT 很容易就

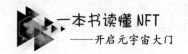
能实现人们的这个愿望。

综上所述，NFT 不仅适合用于数字艺术品、数字收藏品、游戏资产等，在影视、娱乐等领域同样可以体现出其巨大的商业价值。目前，虽然 Web3.0 的全貌尚未呈现，但是，其中一大核心应用 NFT 已在影视及演艺行业火热了起来。因此，我们有理由相信，未来 NFT 将会助推影视行业转型发展。

第三章

第三章

NFT是开启元宇宙的钥匙

元宇宙是很多人向往的未来世界该有的样子。那么，如何让每个人都能进入这个新世界，并沉浸在这个重构的社会系统中呢？NFT为人们进入元宇宙提供了一把钥匙——未来的元宇宙，一定离不开NFT和区块链技术的支持。

NFT 是元宇宙重要的基础设施

近两年，元宇宙的概念一直非常火爆，2021 年甚至被称为"元宇宙元年"。

国外对于"元宇宙"的提法则最早源于作家尼奥·斯蒂文森创作的科幻小说《雪崩》。

他在小说中这样写道："现在，阿弘正朝着'大街'走去。那是元宇宙的百老汇，元宇宙的香榭丽舍大街……这条大街与真实世界唯一的差别就是，它并不真正存在。它只是一份电脑绘图协议……大街，连同这些东西，没有一样被真正赋予物质形态。"

2018 年，导演斯皮尔伯格在其执导的电影《头号玩家》中对元宇宙进行了更为直观地描绘。在这里，人类除了吃饭、睡觉和上厕所以外，其他所有在现实世界开展的活动均可复制到虚拟空间中，如图 3-1 所示：

图 3-1　沉浸在元宇宙中的人

如今，关于什么是元宇宙，还没有形成一个统一的定义。有人认为，"元宇宙"是一个平行于现实世界，又独立于现实世界的虚拟空间，是映射现实世界的在线虚拟世界，是越来越真实的数字虚拟世界。也有人认为，"元宇宙"是一个和现实世界平行的虚拟世界，用户可以利用数字替身和其他用户的数字替身来进行交互。"维基百科"甚至将其定义为：通过虚拟现实的物理现实，呈现收敛性和物理持久性特征，是基于未来互联网的具有连接感知和共享特征的 3D 虚拟空间。

而 NFT 爱好者将元宇宙定义为可操作性地共享在线世界的集合。这样一来，用户就可以通过数字身份在元宇宙中使用代币进行交易，而 VR（Virtual Reality，虚拟现实或灵境技术）、AR（Augmented Reality，增强现实）化身则代表了用户创建的数字形象，能在多款游戏或者社交应用中使用同一个 VR、AR 化身，并且，在一个平台上购买的虚拟财产可以在别的平台上保留其价值。

那么，NFT 与元宇宙二者之间到底有着怎样的联系呢？要厘清它们之间的关系，就一定绕不开一个关键词：区块链。

前面我们讲过，区块链是一种采用多方共识机制来维护的完整的、分布式的、不可篡改的记账方式，它是一个共享数据库，存储于其中的数据或信息，具有"去中心化""不可伪造""全程留痕""可以追溯""公开透明""集体维护"等特征。基于这些特征，区块链技术奠定了坚实的"信任"基础，创造了可靠的"合作"机制。

NFT 是指基于区块链的唯一数字资产，即非同质化通证，具有不可分割、独一无二、不可替代、不可复制的特点。

NFT 在区块链上运行，非常适合存储重要信息，而且 NFT 之间互不相同，因此，它能将现实世界中的万事万物精准地映射到虚拟世界，而承载虚拟资产

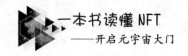

和虚拟身份正是元宇宙的核心。因此，NFT 可以确保用户在元宇宙中享受到有趣的消费内容、公平的创作平台、可靠的经济体系和沉浸式的互动体验。

元宇宙允许来自全球各个角落的用户随时随地进行互通和交流。在这个过程中，如何简单快速地从几亿人中识别出某一个人的身份信息呢？NFT 具有的不可重复、不可复制，以及相对简单的架构等特征可以很好地满足这一需求。

综上所述，可以说元宇宙是由 NFT 组成的，大到一栋别墅，小到一个符号，只要是可以被玩家私人拥有的，就可以把它铸造成 NFT。NFT 包含独特商品资产或身份认证信息——每个人都拥有独特属性和身份信息。NFT 可以集成个人各方面的信息，并将其数字化，存储于区块链上，这在拥有大量用户的元宇宙应用中，既可以确保信息绝对安全，又可以实现去中心化。因此，NFT 是元宇宙重要的底层建筑。

NFT 加速元宇宙内数字资产流转

在现实世界中，我们做出的所有购买行为都离不开两个核心要素：一个是钱，另一个是证。简单来说，就是用钱买证，把证卖掉换成钱，就是这样的一个过程，叫作买卖。而在虚拟世界中，很长一段时间里只有钱，没有证，因此，在虚拟世界中很难做出买卖行为。这样的虚拟世界即使再完美，也不能称为元宇宙。

要知道，元宇宙的诞生需要依赖多项底层技术的搭建与完善，包括但不限于芯片、通信、VR/AR、AI、区块链等因素。在此基础上，元宇宙仍然需要在提供游戏、社交、应用商店等功能的基础上，给予用户自主权，搭建 UGC 平台，并为用户创作的内容提供广告网络、内容分发、中介服务等系统，以便为用户提供游戏、社交、电子竞技、剧院、交易等多方面的虚拟体验。

其中，社交、交易等行为，涉及身份识别、标识所有权等，如果不能很好地解决这些问题，那么，元宇宙就只能停留在概念阶段。只要推进元宇宙向前发展，就一定要像现实世界一样，在其中构建一个能够独立运行的经济系统，而 NFT 可以很好地担当起这一角色，它让虚拟世界中的很多创作活动变得有价值。

NFT 可以将虚拟物品资产化，即可以将任意的数据内容通过链接进行链上映射，从而实现数据内容的价值流转。通过映射，元宇宙中的数字资产、游戏装备、装饰品、土地产权等都具有了相应的价值。在元宇宙中，用户之间可以

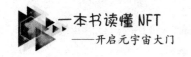

自由交易相关 NFT 资产，而不需要有第三方参与。所以，NFT 不仅仅是图像，还是知识产权，而且可以反映其流动性。

在这一方面，NFT 与比特币等一些虚拟货币相比有着本质上的不同。首先，它不是钱，是钱的另一端；其次，它是证，就是用钱交换的那个东西，即类似房产证、购物小票等，只不过它不是纸质的，而是一串代码或者可以理解为一种电子证明，是资产的电子证明。

NFT 不仅是元宇宙世界的确权凭证，它还能促进数字资产的交易。交易的过程由两个角色组成：NFT 创作者（或所有者），NFT 购买者。NFT 所有者将作品中的原始数据数字化为正确的格式，并发送到 NFT 智能合约上。智能合约对该数据进行处理后，将其作为交易放在区块链上。当交易请求被发出，交易就会被广播到 P2P（Peer-to-Peer，点对点）网络的节点上。节点网络使用已知的算法来验证交易数据，一旦数据得到了确认，NFT 将和唯一的哈希值链接并产生一个新的区块。随后，新的区块会被加入已有的区块链中，被永久地记录且不可更改，购买者就可以获得他们喜欢的数字资产。

从这个交易过程中可以看出，NFT 极大地增强了数据资产流转的效率，同时为不同类型的数字内容所有者或创作者提供了一种在元宇宙出售交易其创作内容的有效方法。所以说，NFT 是元宇宙经济生态中非常关键的要素，是元宇宙经济的载体。

很多 NFT 玩家没有认清这一点，只知道元宇宙中汇聚了不少"热钱"，于是便急不可耐地冲进元宇宙领域。不可否认的是，正因为有了"热钱"的持续流入，恰恰说明资本看好 NFT 与元宇宙的融合。

未来，元宇宙将为人们提供更加丰富的消费内容，公平的创作平台，沉浸式的交互体验；它不仅能够寄托人的情感，让我们在心理上有所归属，还可以通过在元宇宙体验到不同的内容，结交身处数字世界之中的好友。而要实现这一切，必须建立在一套高效、可靠的经济体系之上，即元宇宙这个大平台需要以区块链和 NFT 技术为基础。只有如此，它才有可能逐渐发展壮大，并且有朝一日成为人人向往的那个美丽新世界。

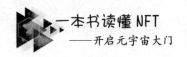

NFT 让元宇宙成为有价值的虚拟世界

在元宇宙中，NFT 可赋予万物以价值，从而打破虚拟与现实之间的边界。如果没有 NFT，那么，玩家将无法掌握元宇宙中的任何东西，一切都只是游戏而已，即便是花大价钱买来的道具、装备，也只是看起来像是自己的。NFT 的出现，让玩家对自己的数字资产有了绝对的处置权。从这个角度来说，是 NFT 让元宇宙真正成为一个有价值的虚拟世界。

试想这样一种情景：

未来的某一天，你下班后回到家中，可以通过智能设备进入到各种各样基于 NFT 的去中心化元宇宙中，你可以化身为一位 800 年前的游侠，也可以是 500 年后的未来战士……在不同的元宇宙中，你都可以获得虚拟资金和资产，它们拥有真实的价值。

你渴望体验这样的游戏场景吗？除了可以拥有极致的沉浸式体验，领略不同的、丰富多彩的虚拟世界以外，还有机会通过自己的努力、创作而获得应有的回报。或者说，这根本就是一个真实的世界。那么，是什么让它变得更加真实？从感官方面看，可以是 VR/AR 或是全息成像技术等手段，从价值层面看，一定是 NFT。

脱离了 NFT 技术，元宇宙就只是一款可沉浸式体验的网络游戏而已，是 NFT 让这种游戏变得有价值。这种价值主要体现在三个方面。

1. 行为有价值

因为有 NFT，我们可以选择在元宇宙中工作，比如帮别人完成某种创作或是自己创造一些有价值的东西。举个例子，你非常善于设计，在元宇宙中就可以建造一栋漂亮的房子，再陈列一些艺术感十足的家具，别人觉得好，需要这样一栋房子，你就可以卖给他。这就跟现实世界中的交易一样，你可以通过自己的创作来获得相应的回报。

2. 物品有价值

在普通的网络游戏中，有些物品、道具也可以拿来卖钱，但是这些物品或道具有一个特点，就是可以被替代或是数量较多。除非是特别稀有的装备，否则很难卖上好价钱。比如，你打出了某款装备，觉得它可以卖 200 元，别人不一定会买，因为谁都有机会打出同样的装备来。NFT 赋予数字对象以独特性，可以确保每件物品都是独一无二的。比如，这款装备标价是 500 元，在别处是买不到的。你买下来之后，也不会担心对方反悔或是被收回，因为 NFT 就像收据一样，会显示每一件物品的所有权人。

在国外，有一家非常知名的公司，它在虚拟世界的生意做得如火如荼。这家公司主要销售虚拟运动鞋。来到公司的线上专柜，你会发现每一双鞋都非常帅气且独特，有能发光的，有能喷火的，各种各样的都有。每一双鞋都是独一无二的，在全世界找不到第二双，所以，经常被买家买走收藏。有人会说："花几万块钱买一双虚拟运动鞋，真是不可理喻。"

这家公司的虚拟运动鞋之所以卖得这么贵，销量还不错，是因为每一双鞋都是一个 NFT。这就增加了它的收藏价值。当出现溢价的时候，买家也可以

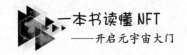
把它卖给别人。因为它们是 NFT，所以，买家不必担心它们会丢失。

如今，有很多知名品牌已经进入了虚拟世界，如 LV、GUCCI、BURBERRY 等，它们都开始在虚拟世界里圈地，然后在里面卖自己的虚拟产品。

3、土地有价值

很多人都听说过一款游戏，它的名字叫 *THE SANDBOX*。它有点像游戏"我的世界"。在这个游戏中，玩家可以做很多事情，包括买地皮。游戏中的土地是有限的，买家要买下一块地皮，价格不菲。在买下地皮后，可以在上面打广告赚钱。有的音乐家会选择买一块地皮来建造音乐场，并吸引粉丝来听在虚拟世界中举办的音乐会。在现实中，为了听一场音乐会，通常要从一个地方跑到另一个地方，这中间需耗费不少的精力与时间，但在元宇宙中就不同了，你随时可以去体验，而且临场感受也很棒。

像这样的元宇宙游戏，不但可以拿来娱乐，而且还可以在其中进行投资。这也是元宇宙游戏比较火爆的一个原因。

在元宇宙中接入 NFT 技术后，其中的数字化物品不会再被某一方所控制，NFT 可以让艺术品、音乐、个人身份、游戏资产、土地等具备价值的事物永久记录在区块链上，从而让整个元宇宙成为一个有价值的虚拟世界。

NFT 为元宇宙带来的 P2E 模式

过去，"玩游戏"这种行为被认为是不务正业，"靠玩游戏赚钱"的说法更是形同痴人说梦。但是，随着人们传统的生活方式正加速向数字生活方式转变，如今 NFT 让数字交互变得高效且有价值，越来越多的人开始改变先前的观念，并在"虚"度时光中体现个人价值。

P2E 在一定程度上契合了游戏玩家的这种心理。P2E 英文全称是 Play to Earn，译成中文为"边玩边赚"，是一种新兴的游戏模式。

它本质上是为游戏玩家提供真正的经济激励——谁为游戏世界贡献越大，谁就能得到越多的金钱激励。这种模式不仅推动了游戏行业的发展，还改变了很多人的生活方式。也就是说，游戏玩家可以在元宇宙中参与游戏中的金融、经济活动，并因所增加的价值而获得相应的奖励。

这种游戏模式的实现离不开 NFT，成功范例包括 AXS、爱丽丝等。

Axie Infinity 是一款建立在以太坊区块链上的去中心化的策略游戏。该产品曾在不到一个月的时间里创下超过 3 亿美元的收入记录。

Axie Infinity 是一款回合制游戏，获胜更多取决于技巧而非运气。玩家通过 PvP（指玩家之间的战斗）、PvE（指玩家对电脑 AI）以及完成日常任务来获得 SLP（Smooth Love Potion）代币，用以喂养新的 Axie。

该款游戏的规则为：在进入游戏之前，玩家先用虚拟货币购买三只名为 Axie 的宠物，并利用它们进行繁殖，来获得新的 Axie。不过，新人们并非从

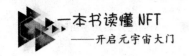
官方购买，而是直接从玩家那里购买。Axie 不是凭空出现的，为了满足新玩家对 Axie 的需求，老玩家可以让现有的 Axie 繁殖出新的 Axie，规则限定每只 Axie 最多可以繁殖 7 次，而且不可以近亲配对，需要消耗 4 AXS（Axie Infinity Shards）加上数量持续增加的 SLP，以此来控制 Axie 的产出速度，以便减缓通货膨胀。

由于 NFT 资产的特性，每只 Axie 都是独一无二的，并完全属于玩家。所以，Axie 可以被直接出售，以换取其他玩家手中所持有的虚拟货币，兑换成现实中的法定货币。这就是 P2E 的核心流程。

在游戏中，假如每只 Axie 的价格平均为 500 美元，前期至少要投入 1 500 美元。如果用户每天赚取大约 50 美元，需要 30 天左右才能收回成本。相当于一个月可赚取 1 500 美元收入。因此，一些玩家为了经济收益而选择玩游戏 Axie Infinity，甚至会把玩 Axie Infinity 作为一项可持续的全职工作。

该游戏产生的经济收益来源于两个渠道：一个是后来者加入时购买宠物或土地的费用；另一个是通过二级市场炒作对其加密资产形成的溢价。本质上，这是一场后来者为前人买单的负和游戏。后来者参与的门槛越来越高，但是，其产生的收益却越来越低。一旦发生了供求失衡，就很容易造成游戏内经济机制的垮塌。

当前，P2E 模式已经得到了很好的市场验证，将是 NFT 中一个极具潜力的领域，也是正在发展的元宇宙的重要支柱之一。

NFT 为元宇宙的数字资产提供确权保障

我们都知道，没有两个人的身份证号码是相同的，并且通过查询身份证号码，可以追溯出一个人的出生地等信息，而 NFT 也具有类似的功能。

如果元宇宙想要获得发展，那么，它就需要有越来越多的内容生产，只有这样，才能创造出来足够丰富的沉浸式体验。为此，需要建立一个稳定的经济系统来促进用户主动产生内容，而 NFT 可以为元宇宙内数字资产的产生、确权、定价、流转、溯源等环节提供底层支持。

SandBox 是一款沙盒游戏。通过体素编辑器软件 VoxEdit、Market 和 Game Maker 的三个组件，用户可以创建 3D 对象，并在 *SandBox* 图中设置动画。同时，用户可以使用可视脚本来创建游戏。在游戏中，每块土地对应一个 NFT。NFT 确保游戏中的每一块土地的所有者拥有创建和转换土地的最基本权利——NFT 赋予用户自由创建内容的权利。

NFT 提供了一种可以标记原生数字资产所有权的方法，能够对特定资产的所有权进行有效标记，让元宇宙中的各种数字物品的价值归属、产权确认、虚拟身份的认证都成为可能。同时，它还可以映射现实世界中的收藏品、图像、音乐等物品和虚拟世界中的数字土地、数字艺术品、游戏道具等虚拟资产。

因为 NFT 本身是建立在区块链技术之上的，这就可以保证它不可被仿造。在元宇宙中，购买虚拟商品实质上就是在交易 NFT。比如，你在元宇宙中创作了一幅画，别人想出高价买走，你不需要把画寄给他，也不需要他下载电子

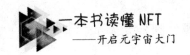

版，只需把这幅画的 NFT 作品转发给对方就可以了。在转发的时候，基于区块链技术的分布式账本会记录上这样一条：这幅画的所有权已归某某某。就像是你从别人那里购买了一套房，过完户后，房管局会给你一本新的房产证：从现在开始，这套房子的所有权归你。需要的时候，你只需要出示房产证，就可以证明你对这套房子的所有权。

NFT 就是虚拟世界的房产证。与现实世界中不同的地方在于，它没有一个明确的发证机构，它是去中心化的。在虚拟世界中，如果需要证明某个东西属于你，完全不需要你提供什么，只要 NFT 自己就足可以证明了。

在元宇宙的世界中，NFT 是数字资产所有者的资产确权证明，其本身不会因世界的改变而发生改变，在元宇宙的无数个子世界中，都是唯一且可以印证的。同时，NFT 又是现实世界中品牌价值的体现。例如，在未来虚拟世界中，一些品牌会通过不断发行 NFT 来构建自己的用户群，并与其建立深度联结。最终，品牌会因此而成功打通线上与线下之间的壁垒，将现实世界与虚拟世界达成融合。在不断发布 NFT 的过程中，品牌会形成自己的数字资产。

在元宇宙的世界里，任何虚拟物品都能成为 NFT。虽然当前的确权、交易主要是以收藏品、艺术品、游戏等为主，但是，未来随着元宇宙边界的不断拓宽，元宇宙数字场景与数字资产的不断丰富，NFT 有望持续衍生至金融、个人数据等领域，会诞生更多的数字资产形态，从而更好地赋能数字资产的交易、流转。

元宇宙为 NFT 提供丰富的应用场景

元宇宙与 NFT 二者之间相互依存，互相促进，共生共荣。NFT 对元宇宙而言是不可或缺的，元宇宙为 NFT 提供必要的应用场景。现在，NFT 多用于艺术品、音乐、体育、游戏等领域。未来，随着以游戏、社交、办公等为应用方向的元宇宙的发展，NFT 将会被运用于更多场景，并展现出更大的实用价值。

1.PFP（认证头像）

PFP 是 Picture for Proof 的缩写，俗称头像。现在，NFT 类的 PFP 项目主要在 Twitter 平台上开展。有些社交媒体平台、元宇宙公司也计划着将 NFT 类的 PFP 项目应用到他们自己的程序中。很多人对此都有这样的担心：如果有人复制并盗用了他们的头像，那么，PFP 的所有者应该如何给自己维权呢？

其实，这个问题很好解决。以 Twitter 为例，它会验证 NFT 的个人资料图片，如果是有效的，用户将获得一个六边形的轮廓。这使得它从普通的外框线条（无效）中脱颖而出，并允许用户可以展示他们的 NFT 或使其成为具有巨大潜力项目的社区成员、开发人员和早期投资者。另外，PFP 的所有者还可能获得社区访问权限，能够决定参与游戏的创建或其他产品的机会。

2.Virtual Land（虚拟空间）

虚拟空间是元宇宙中的关键落地场景。目前，NFT 在其中发挥了重要作

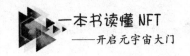

用。这些数字土地类似于游戏"我的世界"，用户有创作的自由，数字土地完全归属于用户，不同于"我的世界"的地方在于用户的创作成果归微软平台所有，当用户拥有完全属于自己的数字空间时，用户可以自由支配数字土地的用途并从中获益。

例如，Decentraland、Sandbox 等虚拟空间将地块打包而成 NFT，并在市场中进行自由交易。拥有地块的玩家，可以在虚拟空间中发现属于自己的一片天地，具备高度的可玩性和互动性。这种模式是目前最为贴近元宇宙的体验方式，地块也因面积大小不同、邻居的知名度高低等问题而影响最终的成交价格。

3.Virtual Image（虚拟形象）

2017 年 6 月 9 日，致力于研究用算法生成头像的 Larva Labs 推出其热门项目 CryptoPunks，并免费送出其中的 9 000 个，但是，这个曾大放异彩的 NFT 项目并未引起人们的多少关注，一周内的领取进度还不足 10%。2021 年，借助元宇宙概念的爆火，NFT 开始强势崛起，并在资本、机构、传统企业和各领域知名人士的共同推动下，出现了现象级的出圈效应。

虚拟形象类 NFT 代表的价值是什么呢？其中最重要的价值是社区身份。对于早期的如 Punk 和 BAYC 类的大蓝筹项目，如果拥有头像，那就意味着在元宇宙世界中享有尊贵身份。

4.SOCIAL（社交）

在元宇宙中，只要拥有一个社交 NFT 就能够让持有者从多方面受益，比如加入在线和面对面的社交聚会。随着 NFT 社交在网络越来越流行，社交网络正计划将 NFT 社交网络作为媒介的选择。一个成功的 NFT 社交项目需要有影响力的人员和活跃的社区。

5.MUSIC（音乐）

通常情况下，令音乐家比较头疼的一个问题是：如何获得公平的版税分成？在未来的元宇宙世界，这个问题可以通过 NFT 来解决。与图像或视频文件一样，NFT 创作者可以将音频附加到 NFT 上，来创造一件可收藏的音乐作品，可以把它看作是一张唱片的数字"首版"。

6.对实物资产进行 NFT

未来，可以将现实世界中的资产与 NFT 建立关联，即以数字化的方式来证明所有权归属。例如，在房地产领域，人们通常与实体的财产契约打交道。创建这些契约的代币化数字资产可以将流动性差的物品转移到区块链上。比如，为了在元宇宙中出售你的某处房产，你可以创建一个 NFT。这个 NFT 可以证明你拥有该房产的合法所有权。任何试图在没有 NFT 的情况下，在元宇宙中转售该房产的行为都是非法的。

通过让 NFT 与物品相关联，拥有 NFT 可以变得和拥有资产一样的重要。随着物联网的发展，将会看到更多的 NFT 被用来代表现实世界的资产。

7.物流 NFT

区块链技术在物流行业中的作用也不容小觑，尤其是因为它的不可更改性和透明度。这些方面确保了供应链数据的真实性和可靠性。对于食品、商品和其他易腐烂的货物，知道它们曾经在哪里停留，并且逗留了多久是很重要的。

未来，很多人会选择在元宇宙中购物。假如你订购了一双高端的奢侈品

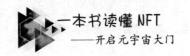

鞋，它在元宇宙中是一个 NFT，你拿到这个 NFT 后，可以知道这双鞋是在哪里生产的，什么时间生产，其在仓库里的具体位置，以及到达或离开的时间，等等。一旦鞋子被送到你手里，店方会自动收到"已交付"的信息。

目前，已落地的 NFT 应用场景有：文物文玩、摄影作品、艺术画作、游戏人物、戏曲音乐、表情头像、动漫形象、体育明星等。同时，随着技术应用的进一步成熟与产业发展机制的进一步规范，未来，我们有机会看到 NFT 在元宇宙中更多的应用场景。

第四章

数字藏品是当前国内 NFT的主要形式

在国内，NFT当前的主要发展形式是"数字藏品"。那么，可以说NFT就等于是数字藏品吗？当然不是，它们二者之间有联系，但是，也有本质上的区别，因为数字藏品只是NFT一个典型的应用场景。

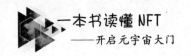
NFT 与数字藏品的概念辨析

2021 年，NFT 概念火爆全球。在国内，也在一夜之间就诞生了几十家数字藏品平台，并各自相继发布了不同类型和风格的数字藏品。从前期一些天价数字藏品的成功拍卖，到如今博物馆发售的价值几十元的数字藏品，再到电商平台随商品配送的数字藏品……近两年，数字藏品这个新鲜事物正受到越来越多的关注。

有了数字藏品，艺术收藏的边界得以延展到数字世界，不再局限于物理世界。由此，艺术收藏变得更加平民化，更多人能以有限的资金成为数字藏品的收藏家，再也不必像从前那样为实物艺术藏品的储存和流通的问题而烦恼。

但是，很多人不理解什么是 NFT，什么是数字藏品，并简单地把二者等同起来。事实上，这种认识是粗浅的。

1. 二者的概念

NFT 指的是非同质化代币，就是不可替代的通证，即在智能合约中记录着唯一信息。只要在区块链上得到认证后，每个 NFT 就是独一无二的。NFT 在互联网中使用区块链技术标注文件的物权，是 Web3.0 的产物，被认为是未来元宇宙的重要基础设施。

那么，什么又是数字藏品呢？

数字藏品，本质上来说是受监管的 NFT，是使用区块链技术进行唯一标识的数字化的特定作品、艺术品和商品，比如，数字画作、图片、音乐、视频、3D 模型等（如图 4-1 所示）。每个数字藏品都映射着特定区块链上的唯一序列，不可篡改、不可分割，也不能互相替代。

图 4-1 一款熊猫湘绣数字藏品示意图

2. 二者的共性

NFT 与数字藏品二者存在四个共性。

唯一性：二者都有自己独立的编号。每一个都是独一无二且完整的，不

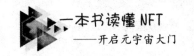

能通过身份、价值或效用与任何其他资产等进行直接互换。

稀缺性：二者都是限量发售。这种特性既能保证数字资产的长远发展，又不会有供不应求的隐患。

可追溯：二者都是可以追溯到原始发行方。而且，在链上都有交易记录，从创建到转手，可证明真伪，有效防止欺诈。

观赏性：不管有无，至少有时候对一些人来说也算是有一种观赏性。

3. 二者的区别

二者之间的区别主要表现在五个方面。

（1）区块链不同。NFT 的作品一般都是基于去中心化的公链上发行，比如以太坊链、Poylgon、Solana 等，允许进行跨链交易，可以被转卖到任何一个平台，它的价值是由市场来决定的，这也是 NFT 容易被炒作的一个主要原因。在国内，数字藏品一般都是基于联盟链发行，数字藏品平台的底层建设基本都建立在各自的联盟链之上。换一种说法就是，国内的不同平台铸造的数字藏品一般是没有办法进行跨平台流转的。例如，你在鲸探平台购买的数字藏品，是无法在幻核平台上出售的。

（2）NFT 需要社区共识，需要价值认可。只要 NFT 获得了共识或认可后，发行方就有了"炒作"的基础。而数字藏品不同，在目前国内的监管环境下，数字藏品本身是禁止炒作的，国内的数字藏品更多体现的是商品确权价值。

（3）NFT 是匿名的，可以通过 ETH、USDT、SOL 等虚拟货币购买。而在国内购买数字藏品则需要进行实名认证，而且数字藏品不能用虚拟货币购买，只能用人民币或者是用数字人民币购买。

（4）NFT 可以在全球用户手中自由购买流通，不受限制。在国内，数字藏品暂时不能随意流通和买卖，尤其是对二级市场交易的管控较严，可以减少投机和炒作现象的出现。

（5）所有权归属不同。只要购买了 NFT 后所有权就属于购买者，购买者可以对这个 NFT 进行二次加工和商业行为；而购买数字藏品，购买者并未获取该数字藏品的版权，几乎没有任何商业活动的使用权，这就意味着购买者一旦滥用，就会被追究法律责任。

总之，数字藏品就是 NFT 针对数字文创产品的本土化、合规化的应用探索、展现模式。现在，国内数字藏品行情比较火热，各种平台也是层出不穷。对此，用户要保持理性，尽量选择合规合法的数字藏品平台购买。

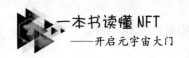
我国数字藏品行业发展现状

在数字经济发展、社会消费模式变化以及技术迭代等因素的影响下，数字藏品产业在全球得到了迅速发展，吸引了众多企业和资本纷纷入局。

国内的数字藏品起步虽然相对较晚，但是，近两年的发展极为迅速，从游戏、体育、音乐、动画再到文物、潮玩、手办、画作，其应用赛道越来越宽广，甚至带火了博物馆、文博、艺术作品、IP 原创作品、版权等行业。

1. 企业参与情况

自 2021 年 12 月以来，国内一些知名互联网公司纷纷推出和发售自己的数字藏品交易平台与数字藏品，同时，一些中小企业的发行平台也如雨后春笋般地陆续出现。根据中华网发布的《2021 年中国数字藏品（NFT）市场分析总结》提供的数据显示，2021 年，中国各发售平台数字藏品的发售数量约 456 万份，总发行价值约为 1.5 亿元，平均售价约 33.33 元。

各大上市公司也纷纷入局，抢占市场。截至 2022 年 4 月，已有 16 家上市公司推出了自身的数字藏品交易平台，主要是以知名互联网公司、内容公司、传统媒体公司为主。

2. 交易平台情况

截至 2022 年 7 月，国内数字藏品平台规模已经超过 700 家。其中，多家数字藏品平台有央媒背景，它们分别为灵境人民艺术馆、时藏、新华数藏、豹豹青春宇宙、人民科技数字藏品平台、光明艺品。有超过 20 家数字藏品平台具有国资背景，比如，虚猕数藏、海豹数藏、Hi 元宇宙、唯一艺术、中体数藏等。有超过 25 家数字藏品平台具有上市公司背景，比如，阿里拍卖、鲸探、灵境文化、鲅物，幻核、TME 数字藏品、百度超级链数字藏品、小度寻宇、灵稀、网易星球数字藏品等。随着数字藏品平台同质化竞争的日益加剧，行业整合将不可避免。

3. 区块链服务情况

国内数字藏品主要基于联盟链，也有少数平台是基于公链。为数字藏品提供区块链服务的联盟链有：星火·链网、人民链、数中链、BSN 链、长安链、知信链、腾讯至信链、新版链、蚂蚁链、百度超级链、京东智臻链、网易区块链、迅雷链、趣链、光笺链、融链等。

国内提供区块链服务的公链有树图链等，基于树图链的数字藏品平台有豹豹青春宇宙、淘派、薄盒等。

4. 行业监管情况

目前，国家对防范虚拟货币交易风险已推出大量的政策和法规进行规范，但是，针对 NFT 的法律性质、交易方式、监督主体、监督方式等尚未有明确的法律法规出台。这样一来，一方面导致了数字藏品仍然存在部分炒作、非法集资等金融风险；另一方面也限制了 NFT 向二级市场的拓展。

同时，为了进一步规范数字藏品市场的发展，行业内部也积极响应，共同颁布自律公约。2021 年 10 月 31 日，国家版权交易中心联盟、中国美院、

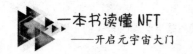
湖南省博物馆、安徽文交所、蚂蚁集团、京东、腾讯等机构共同发布了《数字文创行业自律公约》，意在强化行业自律，共建良性的数字文创行业发展生态。

根据有关数据显示，2021 年中国数字经济规模已达 45.5 万亿元，预计到 2024 年将有望达到 68.3 万亿元，这在一定程度上反映了中国数字经济的发展取得了良好的成效。随着中国数字经济规模的不断扩大，数字消费模式更容易被消费者接受，同时，企业纷纷加入数字化转型队列，为数字藏品行业带来了新的发展契机。

数字藏品已经逐渐摸索出在国内当前政策和技术条件下行之有效的交易规则，并在有限的 PGC（Professional Generated Content，专业生产内容）数字藏品市场捕获价值释放。未来，考虑到我国正积极推进区块链技术发展，探索合适的监管机制，搭建健全的市场结构机制，预期国内也将会放开数字藏品的二级交易市场、跨链交易等。

预估大型文交所设立的数字藏品交易平台，更加容易得到监管部门的支持，或将引领探索、制定和出台数字藏品领域二级市场的相关交易规则和标准。

2021 年 9 月 30 日，由交易所主导成立、提供数字人民币结算方式的海南国际文化艺术品交易中心（海交所）数字艺术品交易中心正式上线运营。同年 11 月 16 日，海南省地方金融监督管理局作出批复，海交所成为国内首个可以开展"国际数字艺术品"交易业务的交易平台。海交所自主研发面向艺术品登记备案、溯源、合规交易的"大唐链"，与其他联盟链及主流区块链连通，共同促进全球优质数字艺术品和数字资产的有序流通和自由交易。

新华网在 2021 年 12 月 22 日与上海文交所签署协议，约定双方将在国家有关部门的指导下，合作构建国家级数字文创规范治理生态矩阵，数字文创、数字艺术、数字版权、虚拟现实交互等产业得到合理有序发展。双方将联合打造领导及规范性的国家级版权交易保护联盟链及国家级数字文创要素市场价值管理平台。

区块链服务网络 BSN（Block-chain-based Service Network）是由国家信息中心牵头成立的，主要是用于部署和运行区块链应用的公共基础设施网络。2022 年 1 月 25 日，BSN 联盟上线推出了"BSN-DDC 基础网络"（简称 DDC 网络），并进入试商用阶段。为 DDC（Distributed Digital Certificate，分布式数据凭证）业务方和平台方提供了一个安全可信、价格低廉的区块链环境，用于 DDC 的生成和管理。

目前，包括新华社、中国银联、阿里巴巴、腾讯等都已经推出了基于 DDC 网络的数字藏品。随着对 DDC 技术的升级和基础设施的不断完善，还会有越来越多的行业机构加入 DDC，实现产业共治，由此不断壮大产业规模。DDC 网络将推动区块链及其基础上数字藏品的合规性发展和行业标准的建立，充分发掘技术潜力，发挥创新价值，更好地赋能我国数字经济建设。

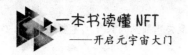
数字藏品赋能实体的主流应用场景

所谓赋能实体，就是通过线上数字藏品的转化，使得线下实体经济更具活力，更加可持续，更加有效益。目前，国内大部分的数字藏品平台都聚焦在中国文化、文创、景区、艺术、体育、国潮等领域，并且在积极地探索线上线下结合模式，以便让数字藏品由"虚"转"实"，从而获得更大的发展空间。

目前，国内数字藏品主要有以下三种主流应用场景。

1. 传统应用场景

传统的应用场景有：版权交易和商品溯源。

（1）版权交易。对版权财产权全部或部分权利进行转让，并可最终形成相关文化产品。

（2）商品溯源。通过区块链技术赋予商品独一无二且不可篡改的标识，使商品在交易过程中即可完成确权。

2. 典型应用

数字藏品应用正在不断拓展、出圈，其中，具有典型意义的应用场景越来越多。

（1）艺术收藏品。通过区块链技术将数字或实体的艺术收藏品制作成"数字藏品"。比如，敦煌研究院、秦始皇帝陵博物院、三星堆博物馆等文博单位相继推出的敦煌拾遗、数字秦俑、古蜀藏品等，将文物进行二次创作，激活了数字文化遗产（如图4-2所示）。再如，泰山、华山等景区则推出数字藏品，拓展文化消费新场景，利用数字藏品，艺术家打破了与粉丝交流的时空限制；《解放日报》发行虎年纪念版数字藏品；中央广播电视总台发行 3D 版"虎娃"数字藏品……

图 4-2　一款瓷刻数字藏品示意图

（2）音乐数字藏品。例如：腾讯音乐推出的"TME 数字藏品"；酷狗音乐联合《中国青年报》发行非遗乐器数字音乐藏品"古乐华章"；QQ 音乐推出

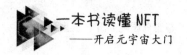

的限量版十三邀黑胶唱片 NFT。

（3）体育类数字藏品。例如，在欧洲杯期间，阿里巴巴与合作赛事举办方为射门榜前三名球员颁发"上链"奖杯；中体数科发行"首届北京马拉松纪念徽章"等多款体育数字藏品。

（4）票务类数字藏品。即将各种类型的门票，包括实体门票和数字型门票，上链铸造成数字藏品，这样不仅有助于门票的确权和流转，还降低了票务成本。2022 年 3 月，中国东方演艺集团携手阿里文娱，在淘票票及鲸探推出了中国演出行业首个数字藏品，《只此青绿》数字藏品纪念票及系列创新数字藏品。

（5）虚实融合类数字藏品。即将数字化作品与实物结合后上链。例如，在 2022 年 4 月 23 日"世界读书日"这一天，由国家新闻出版署科技与标准综合重点实验室区块链版权应用中心、新华文轩四川数字出版传媒共同牵头，联合"阿里拍卖""数字中国链""知信链"等共同创新推出的全国首个区块链图书融合出版发行项目"数字藏书"上线发布。

3. 衍生应用场景

衍生的区块链数字藏品的应用场景主要包括：数字保险、数字教育、数字科研、数字社交、元宇宙等。例如，2022 年 7 月，四川省游戏工委发布元宇宙——苍穹，意在建造一个多维的美好的平行世界，并支持为不同链上数字藏品及应用场景建设自己的"星球"。

随着数字藏品应用场景的不断扩展，与各领域结合得更加紧密，未来它将成为 Web3.0 和元宇宙的核心组件及数字经济的产权基础，助力价值的传递与流通。与此同时，数字藏品与实体经济产业的深度融合，将助推实体经济产业结构的升级和转型。

避开数字藏品交易平台的坑

数字藏品的升值，主要体现在流通市场上再次交易的价格。但是，由于我国监管政策的要求，市场中合乎规范的交易平台主要有两种：一种是相对保守审慎的，通常不开通流通功能，不能自由交易、转赠，或者是过了一段时间才可以转赠，比如一些知名互联网公司的平台；另一种是直接开通流通功能，藏品是可以直接进行自由交易的，而这些平台相对来说人气会旺一些。平台的藏品越难抢，在流通市场的价格相对就越高。

通常，只要买家不贪心，在上述二种平台中进行交易就是比较安全的。需要特别注意的是，不是所有的平台都可以安全交易，在下面这三类平台上交易时则需要格外谨慎。

1. 频繁打新的平台

如果发现某个平台没有什么有质量的藏品发售，却一直在拉人头，只是靠某些藏品来炒作的话，那就要小心了。通常，在选择一个平台的时候，不要只看它的宣传海报，不要看有没有空投，有没有福利抽奖等，而是要先查看一下该平台的背景，看其有没有完善的从业资质。比如，区块链信息服务备案、ICP/IP 地址、域名信息备案、增值电信业务经营许可证、EDI 许可证等，或者看其是否有知名企业背书，如果什么都没有，完全是一个全新的公司，刚注册没多久，那么，此时就要谨慎操作。

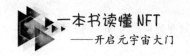

2. 藏品发行有过断档的平台

对一个数字藏品平台来说，只有持续地发行藏品才有竞争力。如果一个平台半个月或二十天才发行一个产品，即使它再有名气，也要谨慎一些。通常，这是因为平台缺少持续的资源拓展能力与良好的运营能力，所以，时不时地会遇到一些困难。

3. 以流通为特色的平台

通常，一个平台的流通性越强，人气也越旺。有的平台抓住了用户的这种心理，人为地制造流通，甚至是刻意造假，给用户一种假象：平台人气旺，藏品有较好的流动性与增值空间。其实不然，这样的平台价格时常忽高忽低，用户很难把握住交易的最佳时机，经常是一出手就被套牢。

4. 经常改变规则的平台

有些平台经常改变规则，甚至用户刚操作完毕，平台规则就已经改变了，这类平台绝对不要碰。比如，有的公司不按照宣传要求来进行空投，在空投当天又临时改变空投规则。而且，在活动时间段内炒高平台当时现存的藏品，导致用户为了交易记录高价买进低价卖出，因此损失大量的手续费。

对于数字产品，它首先是一种对于艺术品或者一些有价值的物品的数字化，它的收藏是有意义的。其次，作为艺术家，要选择正规的平台来发表自己的作品；对于投资者来说，在平台的选择上也要谨慎，切不可抱着"看中了这个市场的暴利，想趁机捞一笔"的心态去炒作，否则，很容易落入一些不良平台设置的陷阱中。

制约数字藏品产业发展的五大难题

作为一种区块链技术创新应用，数字藏品对传播优秀文化具有十分积极的意义，然而，由于其在我国出现的时间较短，认定及监管标准尚未建立，导致出现了一些乱象。目前来看，制约和影响我国数字藏品产业发展的问题还比较多。为了防止数字藏品市场带着问题继续"狂奔"，必须要理性面对，并妥善地解决这些问题。

1. 稀缺性难以保证

稀缺性是发展数字收藏品产业首先要解决的问题。传统的实物收藏品许多是孤品或者仅有少量的同批次、同类型的近似藏品。如果说相同的收藏品大量流通于市场中，那么，它们的收藏价值就大打折扣了。

目前，为了保证藏品的稀缺性，一些平台虽然发售的数字收藏品种类较多，平台会严格限制发行的数量，但是，这种做法从法理角度来看是难以保证藏品的稀缺性的。

为什么会这样？因为在利益的驱使下，经常会出现"无权者授权"或者是"假权利"。例如，数字藏品平台为了防止风险的产生，在一开始往往会找一些较为权威的机构为其独家授权。从某种意义上说，这时数字收藏品发行方拿到的版权授权可能是"虚假"的。

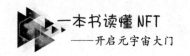

2. 缺少艺术价值

很多实体收藏品的拍卖价格可能达到几个亿，这是为什么呢？因为其往往具有很高的艺术价值。所以，除稀缺性以外，数字藏品的艺术价值同样也是人们产生购买欲望的驱动力。

目前，数字藏品依据作品种类和创作方式可以划分为三种类型：原创型、复制型、改编型。其中，国内的数字藏品市场比较多地涉及复制型数字藏品的铸造与发行，这其中有相当一部分的藏品只是对原件照片的单纯复制，在艺术性和技术价值方面有所不足。

如何解决这个问题呢？有两个思路：一是在制作此类数字藏品时采用更多的特色技术为其赋值；另一个是尽可能增加原创型数字藏品在市场中的占有份额，提高整个产业的选品标准，由市场来筛选出有价值的藏品。

比如，国外比较火爆的"无聊猿"就是原创型数字收藏品的典型，它利用算法生成的作品形象各不相同，并且绑定了版权，允许购买者对其进行二次创作和作商业使用，由此兼具了实用性和艺术性。

再如，画家齐白石的画作《群虾图》的收藏者对原作进行了衍生化制作，赋予传统美术作品以新的艺术价值。

湖南鲸喜玛特文化发展有限公司针对《潇湘八景》画作进行了二次设计，由 2D 平面图优化为 3D 景观 NFT，在市场受得了热捧。

3. 去金融化问题

数字藏品的"去金融化"难题一直是人们关注的焦点。如今，国内多数主流平台都采取了禁止二次交易或者仅允许转赠、附条件转赠的方式来解决这个问题。

然而，"明枪易躲，暗箭难防"，即便平台有明文规定禁止交易，仍有一些用户会通过私下协商的方式进行藏品炒作，不仅为平台发展带来了运营风险，并且从长远来看也不利于整个业态的规范、健康发展。

4. 版权溯源问题

解决版权确权问题对于数字藏品产业发展有重要意义。虽然区块链技术的运用让数字藏品的权利流转链条真实可靠且不可篡改，但是，上链前的版权溯源还有赖于各方形成加强版权审核的共识。

比如，《财新周刊》曾发布过一幅照片，引起了众多网民的关注。不久，在 OpenSea 等各大 NFT 交易平台上出现了大量的该照片的 NFT。虽然 NFT 具有唯一性，但是，由于版权溯源方面的缺失，导致"上链"发行反而成了一种新的侵权方式。

目前，各数字藏品平台核验藏品的权利来源时，通常需要借助《版权登记证书》来确认，但是，该证书所记载的权利仅仅通过了形式审查，使得权利的实质性审查仍存在缺位现象。那么，如何解决这个问题呢？有一个思路可以借鉴：引入第三方力量来处理。比如，由行业协会来开展相关工作并给数字藏品创造者颁发版权认证书。

5. 商业模式单一

数字收藏品并非虚拟货币，虽然它仍具备 NFT 所具有的不可复制、不可篡改的属性，但是，与货币价值相比较而言，其更多的是用以强调创作者的版权价值，侧重于以数字内容资产化发行的形式进行版权开发，换句话说，它实

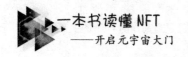

际上是提供了一种 IP 运营的新模式。

所以，国内数字藏品产业要实现健康有序地发展，必须有赖于数字藏品平台运营或商业模式的创新。从 2021 年至今，国内数字藏品产业从无到有，各发行方在吸收已有经验的基础上，结合自身版权优势和平台的联动能力，虽然已经形成了一系列的数字藏品运营模式，但是仍需作进一步探索：一方面增益传统藏品所不能，以技术价值为艺术性赋能；另一方面又反哺传统文化产业，使之焕发新的活力。

可以预见的是，数字藏品是一个拥有广阔前景的行业，为了推动该行业的良性健康发展，特别是市场头部企业，应该积极行动、以身作则、杜绝炒作和过度营销等行为，着力加强合规建设。与此同时，在推动产业数字化、数字产业化方面进行积极探索，并持续为文创产业赋能。

数字藏品产业未来趋势与布局

数字藏品是重要的区块链应用场景之一，它不但可以形成新的文化产品商业模式，而且还有助于促进文化与科技行业二者之间的深度融合。结合数字藏品产业在国内、国外的发展现状，为了挖掘其巨大的市场潜力，可以在以下四个方面发力，以便更好地进行产业布局。

1. 完善数字藏品产业体系

数字藏品产业体系主要包括三个方面：基础设施层、协议层、应用层。

（1）基础设施层。数字藏品架构在区块链技术的基础上，需要成熟的区块链及其生态作为基础设施支撑，其中包括区块链公链建设、联盟链建设、数字钱包建设等，这一层是基于数字藏品 NFT 的铸造创造价值而言。目前，国内基础设施层区块链企业主要是以互联网龙头企业为主，比如百度超级链、腾讯至信链、京东链等，也有部分国外区块链产品布局中国市场，如以太链、火币链、马蹄链等。未来，银行作为数字人民币的运营机构，也有可能成为中国数字藏品 NFT 基础设施层的重要组成部分。

（2）协议层。主要是数字藏品 NFT 的铸造。内容创作者根据区块链 NFT 铸币协议来铸造 NFT，并在自有平台或第三方平台上发行。目前，NFT 协议层的主要应用场景有六类：一是游戏，如 NFT 可用作游戏中的宠物、道具、服装和其他的物品；二是知识产权，如 NFT 可以代表一项专利、一幅画、一张

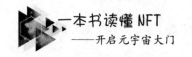

照片，或者是其他的知识产权或版权作品；三是实体资产，如房屋等不动产以及其他的实物资产，可以用 NFT 来表示进行代币化；四是记录和身份证明。NFT 也可以用来验证身份信息和出生证明、驾照、学历证书等；五是金融文件，如购物发票、订单、保险、账单等；六是票务，如演唱会门票、电影票、话剧票等，它们都可以用 NFT 来标记。

（3）应用层。主要是基于项目创作层铸造出的数字藏品衍生出来的应用，包括数字藏品二级市场、数字藏品交易数据平台、数字藏品社交平台等。

2. 打造数字藏品产业园

数字藏品产业具有广阔的前景，国家也相继出台了一些相关政策和法规，对建设数字藏品产业园进行支持和鼓励。比如，2021 年 5 月 27 日，工业和信息化部、中央网络安全和信息化委员会办公室联合发布《关于加快推动区块链技术应用和产业发展的指导意见》中提到，培育 3~5 家具有国际竞争力的骨干企业和一批创新引领型企业，打造 3~5 个区块链产业发展集聚区。

比如，上海市徐汇区计划打造 NFT 艺术品产业生态圈。徐汇区将以"西岸"为核心区建立 NFT 艺术品产业生态圈，并将在该区域内成立 NFT 艺术品生态联盟。目前，已邀请阿里鲸探、腾讯幻核等行业领军企业和研究机构参加"NFT 艺术品产业"发展交流会，聚集了一批优质企业，形成了初步的生态吸引力。

3. 成立合规的数字藏品二级交易所

因为数字藏品具有稀缺性和不可复制性的特性，所以，它有助于构建一个完全防伪并可溯源的交易模式，从而有效解决传统收藏品市场的高信任门槛问题。

数字藏品的合规二级流转市场如何开展，一直是整个行业最为关心的问题，由于没有明确的政策支持，部分中小平台凭借着自身的灵活优势试探性地开发出二级交易市场，这本身并不是一件坏事，甚至应当鼓励他们的创新行为。然而，新兴行业必然会遇到政策滞后的问题，监管职能的缺失也可能会导致这些二级市场会出现一些乱象。

就在这样的背景下，2022 年 7 月 12 日，上海市人民政府办公厅印发《上海市数字经济发展"十四五"规划》，提出"围绕数字新产业、数据新要素、数字新基建、智能新终端等重点领域，加强数据、技术、企业、空间载体等关键要素协同联动，加快进行数字经济发展布局"的重点任务。其中"数据新要素"部分，提及"支持龙头企业探索 NFT（非同质化代币）交易平台建设，研究推动 NFT 等资产数字化、数字 IP 全球化流通、数字确权保护等相关业态在上海先行先试"，这确实给行业注入了新的希望。

4. 加快数字藏品与传统产业融合

数字藏品具有数字版权保护功能。数字藏品的元数据可与特定作品之间产生关联，这种关联在加密艺术家等创作者手中便是以数字化的形式表达且具有特定使用价值的数字藏品，藏品入链时，会被赋予唯一的数字所有权证书，这类似于数字版权登记。数字藏品的这一特性能够高效赋能文创、影视、奢侈品等传统产业，解决其在知识产权保护领域的一些痛点。成熟的数字版权保护体系也可以保护文创产品的稀缺性、提高其收藏性，促进文创产品交易创收。

例如，成都市计划发起筹备区块链产业联盟，强化影视产业与区块链的结合。成都影视城与 10 家区块链企业达成几十亿元的区块链产业投资意向，

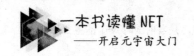

作为区块链企业引进，推动成都影视城区块链人才中心、区块链核心技术研发中心、区块链创新应用研究中心，以及区块链＋产业孵化中心的快速落地。

长沙市分布式存储技术应用行业协会组织相关企业成立了数字藏品存储标准工作委员会，为数字藏品的可靠存储制定了技术框架行业标准。

从短期来看，国内数字藏品整体正向着合法合规、去金融化的方向发展；从长期来看，数字藏品是向着科技与文化深度融合、科技赋能文化产业的方向发展。为了更好地释放艺术品等高价值内容的经济价值，需提早布局，在合规的条件下走出一条具有自己特点且可持续发展的道路。

数字人民币的加速落地将解锁数字藏品赋能实体经济，未来数字藏品赛道必向多元化发展，成为我国数字经济重要的基础设施。尤其是其与数字人民币的结合，将为我国搭建规范完善的数字资产确权体系，打造丰富多彩的数字内容生产生态，万物皆可数字藏品的时代即将来临！

第五章

NFR是中国特色的NFT

NFT 的本质是一种技术，是要走出一条具备自身特色，向"数字权益"方向发展，印证现实生活权益，赋能实体经济的道路。

NFR 是 NFT 本土化、合规化的一种有益探索。在万物皆可数字化的时代，NFR 的出现将数字经济和实体经济二者紧密融合，为赋能经济社会数字化转型提供了新的可能性和路径。

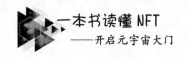

NFR：NFT 的本土化探索

任何一个快速发展的新兴市场都不可避免地会由于一些规则的缺乏以及监管职能方面的空白而产生一些乱象。2021 年，NFT 在海外异常火爆，许多投资者将其视为"新宠"，并以"价值投资"的名义进行大肆投机、炒作。这给数字生态下的政府治理、金融监管带来了前所未有的挑战。

在 NFT 进入国内后，为了杜绝其进行金融化炒作，在相关法律法规的指引下，国内 NFT 市场正朝着合法合规化的方向发展，即与海外去中心化的弱监管的 NFT 赛道不同，提出了中国版的 NFT，即 NFR。

那么，什么是 NFR？

NFR 的英文全称是 Non-Fungible Rights，即非同质化权益。NFR 是一种数字资产或具有独特资产所有权的数字代表，NFR 使用区块链技术、以计算机代码为基础创建，记录基础物理或数字资产的数字所有权，并构成一个独特的真实性证书。

任何一种资产，不管它是无形资产，还是有形资产，都可以成为 NFR 的基础资产。例如，NFR 可以是一段音乐、一幅画，也可以是一个证书，如图 5-1 所示：

图 5-1 一个 NFR 产品示意图

　　NFR 是一个本土化概念。它与 NFT 一样，具备同样的区块链及非同质化的优势特征，数据可溯源、公开透明、不可篡改、不可复制、不可分割和唯一性等，并能够记录基础物理或数字资产的数字所有权，构成一个独特的真实性证书。

　　2021 年 10 月 14 日，中国移动通信联合会、北京航空航天大学数字社会与区块链实验室、清华大学信息国家研究中心等单位联合发布了《非同质化权益（NFR）白皮书——数字权益中的区块链技术应用》（以下简称《白皮书》）。

　　《白皮书》指出，NFT 具有两个核心：一个是去中心化，也就是跨国界，无中心；另一个是权益代币一体化，可以任意流通流转。这与我国的监管政策

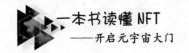

存在一定的冲突，要解决这两个问题，须对 NFT 进行改良，即给出本土化的 NFT，而 NFR 模式可以有效地解决上述问题。其核心优势是：具备法律监管框架，拥有合理合法的数字化权益，并能够更好地助力实体经济。

当然，NFT 的诞生是区块链发展的里程碑，它促进了实体经济和数字经济的完美融合，帮助一些行业与群体获得了更多的机会。从这个角度来看，NFT 的中国化道路并非只有 NFR 一条，未来，或许会有更多有益的尝试与探索。

NFR 与 NFT 的相同与不同

NFR 是基于中国国情，在有法律制度监管环境下合理合法的数字化权益。因为 NFT 的定义、协议、架构与 NFT 相比较，二者之间存在一些差别，基于其产生的市场架构和作业流程也具有其独特性。

1.NFT 与 NFR 的共同点

NFT 与 NFR 使用的底层技术是相同的，都具有非同质化的特性。所谓非同质化，即存储在链上的数据具有唯一性、不可分割。二是都使用区块链技术。NFR 和 NFT 一样，具备区块链的优势，数据可溯源、公开透明、不可篡改，任何交易记录都有时间戳，就算作品被复制、粘贴，并在网上被公开传播，其权属也不会发生改变。

2.NFT 与 NFR 的区别

NFT 中的字母 T，是 TOKEN（代币）的缩写。NFR 中的字母 R，是 RIGHTS（权益）的缩写。由此看出，二者表面上看虽然只有一个字母之差，但是，二者的本质却截然不同。T 突出"代币"属性，而 R 则强调"权益"功能。

具体来说，二者之间的差别主要体现在以下四个方面。

（1）NFT 注重虚拟，NFR 寻求虚实结合。NFT 注重虚拟需求与供给，其资产是存在于网络上的。因此，NFT 容易被金融化且极度依赖于二级市场的炒作。

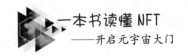

NFR 坚持以物理世界为基础，而不只是寻求向虚拟方向发展。它注重实体与虚拟环境的结合，不鼓励毁掉原有物理作品，只保留 NFT 不可分割、不可替代的特性。

也就是说，NFR 是通过建立数字凭证模型，将上链的产品交由第三方评估、测试、认证之后，以数字凭证的形式进行公平公开的交易，其关注重点回归实体资产，就算数字凭证丢失也不会影响实体作品。

（2）NFT 本质是代币，NFR 是数字作品权益。NFT 的本质是数字代币，具有支付功能。NFT 可以将一个作品或者某个虚拟事物进行代币化，其所传递的不完全是数字文创作品、数字版权作品的价值。

NFR 不是代币，是数字艺术品且不使用任何代币，因此，NFR 没有支付功能，不可能成为洗钱的工具。相对而言，NFR 更强调"权益"和"赋能"。通俗来说，就是用户在购买了某个数字衍生品之后可以得到的相关权益，比如会员服务、IP 粉丝权益、场馆和各种活动的门票认证、各种组织关系的确权等。

（3）NFT 一般使用公链，NFR 一般使用联盟链。NFT 一般基于公链，公链是对所有人开放的，人们可以随意读取数据、发送交易等，而 NFR 一般基于政府监管和管理的联盟链，国内的公链和联盟链是由中国相关政府部门认证和备案的区块链基础设施。

（4）NFT 可以匿名，NFR 须实名认证。在发行 NFT 时，NFT 无须经过版权审核，而国内规范的数字艺术品必须要经过内容审核才能上链进行发布。具体来说，就是 NFR 需要通过版权确认，为用户提供版权合法化确权、存储、首发销售和保护等服务。

NFR 相较于 NFT 的优势

与 NFT 相比较，NFR 在以下三个方面具有明显的优势。

1. 合法合规

NFR 与 NFT 最主要的区别在于合法合规。NFR 代表全新的艺术与科技的结合。NFR 的核心优势是符合国内法律监管要求，而且，它可以由科技执行，由法律框架赋权。例如，国内一些正规的 NFR 交易平台都需要经过严格的审核，而且有政府机构或是行业协会等为其背书。

2. 版权认证

版权认证是 NFR 的一个特殊优势，它不仅意味着数字艺术品具备传统区块链的可溯源优势，而且还可以直接溯源到版权管理部门，并确认所有相关信息，这可以从根本上杜绝授权纠纷的发生。比如，用户在某平台铸造和发行的数字艺术品，经过版权行政管理部门登记审核便可实现版权确权。

3. 助力实体经济

不同于 NFT 的"以实助虚"，NFR 是"以虚助实"。即 NFR 可在虚拟环境下助力实体经济，用数字赋能实体产业，而不会导致实体经济被虚拟世界掏空。因此，NFR 的价值不在于数字化的手段，而是依附于艺术品本身的价值。

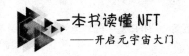

　　近年来，因为新冠疫情的原因，越来越多的线下商家开始布局 NFR，即采用"数字藏品＋某些权益／实物"的商业模式，将普通的线上市场逐渐融入线上数字化市场，在实现虚实交互的交易中创造更大的价值。

NFR 广阔的应用前景

如今，随着越来越多的行业、商家入局 NFR 市场，一个以文创 IP 和品牌为核心内涵，以数字展现、数字推广、数字营销、数字广告为形式，并且能够直接完成交易闭环的新型数字经济模型正在逐渐成形。

加之 NFR 不仅具有去中心化、公开透明，以及分布式存储、不易篡改等核心优势，而且还符合国内法律监管要求，由法律框架赋权，故其可以为一切有价值的财产创造新的分销、授权与商业化流通渠道。事实上，NFR 已不再局限于数字藏品领域，其应用前景非常广阔，可涉及商标、餐饮、能源、服装、鞋帽、交通、房地产、科技等多个领域。

比如，NFR 有助于深挖音乐产业的价值。创作者可以将单支歌曲、音乐专辑、周边等数字内容以 NFR 的形式发行，除数字内容本身以外，他可以享有音乐作品的版权权益。这无疑为音乐市场开辟了一条新道路，重构了价值，是互联网下的音乐产业新生态。

目前，音乐也正在成为 NFR 的新宠儿，越来越多的音乐人开始通过铸造和发行数量有限的 NFR 音乐来获得收益。2021 年末，歌手胡彦斌发行了 20 周年纪念黑胶 NFR 数字专辑，作品一经上线即售罄；2022 年初，歌手周杰伦表示，他早期的音乐 demo（试样唱片）将以数字化作品的形式推出。其后，有许多知名音乐人又相继选择尝试数字音乐。

再如，NFR 在旅游行业也正在受到热捧。中国迪士尼推出的数字奇梦卡

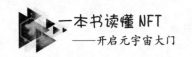

就是典型的 NFR，它是会员的数字化资产，而非数字藏品——可以代表契约、代表会员证。这种卡限量发行，而且，可给予持有者大量的实际权益。可以想见，将来类似的 NFR 会被更多的行业借鉴和推广使用。

当然，NFR 也可用在游戏行业。传统的网络游戏都是基于中心化的模式，不同的游戏之间往往是高度封闭、独立的，没有相互的关联。NFR 采用了区块链两大优势：首先，它能创造出独一无二的确权机制，不能被复制；其次，它是区块链去中心化的生态系统。

由此可见，游戏行业与 NFR 的结合可以让每个玩家都享有平等的发言权，进而改变一些游戏机制，同时，也有助于打造一个自由、开放、公开、透明，而且生态健康、社交活跃、留存跃升的游戏生态。

另外，基于 NFR 的特性，未来网络游戏内部的虚拟商品一旦支持基于 NFR 进行公开交易，那么，这将从技术上保证交易的公正性，无须权威中介的存在，即可高效地完成虚拟商品的交易。游戏运营商一方面可以通过交易手续费来获得收益，另一方面避免了中心化交易系统中可能出现的各种纠纷。

无论是与哪个行业融合，NFR 都能够通过具有开创性的"实物 + 数字藏品 + 数字权益项目"模式，突显其自身的价值。因此，NFR 让数字藏品不再只是数字藏品，而是充分利用自身的技术特性，将实体经济、现实生活的各种权益认证进去。

目前，NFR 尚处于探索与初级发展阶段，随着它的逐渐发展，优势与价值将会得到进一步体现，应用场景也会得到极大丰富，NFR 将有机会引领数字资产发展的"下半场"。

2022 年 6 月 21 日发布的《中国数字权益白皮书》吹响了数字经济赋能实体经济的"前哨"。《白皮书》提出的一个核心观点是：数字资产市场正在从

"避实就虚"的上半场开始向"虚实融合"的下半场转变，赋能实体经济将成为全球大势所趋。

中国的数字经济必须在合规环境下完善发展。与此同时，国内政策环境要求助力实体经济。因此，通过 NFR 赋能数字经济产业化，是在虚拟的环境下扩大实体经济市场的一个有效途径。

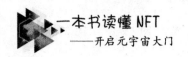

发展 NFR 的重要意义

如今，国内的数藏市场正进入关键的岔口。一方面，相关平台呈现爆发式增长态势；另一方面，监管与相关法律法规和政策的滞后现状，导致各类风险防范的难度在不断加大。与此同时，很多人对数字藏品市场的后续发展产生担忧："狂欢"过后，会不会是一地鸡毛？

此时，NFR 的提出可谓恰逢其时，它定义了 NFT 在国内的新"玩法"，不但让数字藏品具有了更长远的价值，而且对我国新型数字经济的发展具有重要的意义。

1.NFR 赋能文化数字化战略

2021 年 3 月 13 日"两会"期间发布的《中华人民共和国国民经济和社会发展第十四个五年规划和 2035 年远景目标纲要》，明确提出了"实施文化产业数字化战略，加快发展新型文化企业、文化业态、文化消费模式，壮大数字创意、网络视听、数字出版、数字娱乐、线上演播等产业"。

其中涉及的"文化消费""数字创意""数字出版""数字娱乐"等产业，NFR 都可在其中起到重要的支撑作用，并为各种形式的数字化表达赋能。与此同时，这些产业也为 NFR 的应用场景提供了更加广阔的舞台。

2.NFR 助力数字品牌发展

随着 Web 3.0 科技的催化，区块链技术将从 NFT "避实就虚"的上半场进入 NFR "虚实融合"的下半场，数字品牌、数字资产等将日益成熟，并形成规模效应，最终将助力实体经济的发展和传统品牌的迭代升级。

如果用一个简单的公式来表示应该是这样的：

NFR=（无形资产 + 线下实际权益）× 技术

在这个公式中，品牌就是一项重要的无形资产。

在新型数字品牌时代，NFR 能够将用户数据归集到品牌内部，品牌通过 NFR 能够与用户实现直连，并且有机会进行更加精细化的用户运营。

3.NFR 推动数字品牌资产交易评价标准的建立

立足于数字权益，为推动数字品牌资产交易，需建立起一整套全面、系统、可量化的数字品牌资产交易评价标准。我们可以从技术、法律、品牌三个维度来构建该标准。

（1）技术评价。技术是最重要的维度之一，它是对真与伪、高价值与低价值、先进与落后最有力的鉴别。技术评价工作由国内一流的区块链领域的专家学者、技术人员组成的专家团指导，提出评价规则，由数据团队收集资料，根据收集的数据以及制定的规则来进行评价。

（2）法律评价。合规性是 NFR 的一大特性，也是数字品牌资产交易评价体系最核心的部分。合规性评价体系主要包括：金融监管合规、市场监管合规、资质合规、数据合规、知识产权合规等。比如，资质合规就是根据经营主体所公示的资质证书执照即"亮照"程度来进行评价。

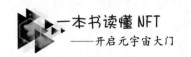

（3）品牌评价。品牌标准是支撑数字品牌资产交易评价体系最重要的因素之一，它是整个"数字资产大厦"的"灵魂"。基于数字品牌资产交易评价，可以围绕品牌辨识度、品牌关联性、品牌沟通性、品牌体验感、品牌复购率、竞争地位等方面来构建评价指标体系。

4.NFR 有利于商业模式创新

NFR 不但可以与各个行业融合，而且还可以被植入元宇宙系统内。由于NFR 可以在数字环境里关联数字资产且无须使用任何数字代币，所以，NFR可以作为发展元宇宙的基石，也可以用于治理元宇宙系统内的数字资产以及数字经济。

5.NFR 有望成为国际标准

未来，NFR 将不只是中国的标准。因为有不少国家不认可数字代币为合法"货币"，所以，它们在发展数字经济的时候，也不接受数字代币进入本国的元宇宙系统。因此，中国的 NFR 有望成为这些国家的一个选择或是国际标准。

除此之外，NFR 因为其合规性会使其在创造新型数字经济文化经济体系中扮演更重要的角色。可以预见，在不远的将来，NFR 将为中国的数字经济、实体产业注入更多能量与活力。

第六章

NFT的获得与价值评估

在成千上万的 NFT 项目中，如何挖掘到适合自己的项目实属不易。切记一点，永远不要去炒作、跟风。在投资之前，一定要知道如何正确获得 NFT，并理性评估其价值，只有这样，你才能读懂它的底层逻辑。

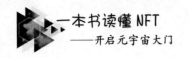

从主客观两个维度评估 NFT

在商业世界中，任何新事物的出现都有其存在的价值。所谓价值，可以从两个方面来定义。首先，价值是一种原则或标准，就行为而言，它是重要的或可取的；其次，根据对价值或可取性的相对估计对某事物进行评价或做出评估。

在经济学中，对象或服务的价值通常被定义为能够带来开放、公平和竞争性市场的价格。市场价格的确定是基于对象在社会中的相对供求关系确定的。

如今，越来越多的人开始学习和收集 NFT，那么，有没有一种方法可以准确地评估这些独特的数字资产呢？

我们可以从主观认知与客观评价这两个维度来进行。

1. 主观认知

通常，价值是根据项目的主观或客观价值来定义的。当然，主观价值可以根据个人的一时兴起而发生改变。主观是指一件物品的价值完全取决于那个人的信念、偏好、选择或想法。

比如，观看篮球比赛的人可能会花费上万元购买贵宾座位。对此，有些人会表示不理解，觉得没有必要为了一个座位而去支付上万元。再如，老爷车爱好者可能愿意花费数百万美元来拥有一辆老爷车和支付更多的维护费用。在 NFT 市场上也是如此。

事实上，这种情况在任何市场中都是如此。人们习惯于根据自己的喜好和愿望来评估 NFT 的价值。比如，一些去美术馆参观的人会对某些艺术品印象深刻，并对它们进行主观评价；而另一些人则不会这样做。

佳士得网络平台以 6 934 万美元的价格成功拍卖了一幅画《每一天：最初的 5 000 天》，惊掉了不少人的下巴，他们认为这幅画不值这个价。但是，买家一定会认为，这幅画值这个价，而且愿意支付这笔钱。因此，客户的这种主观性是定义 NFT 所拥有的实际价值的基础。

2. 客观评价

要客观评估 NFT 的价值，通常要考虑以下八个方面的因素。

（1）稀有度。一般情况下，用户对 NFT 的需求强烈程度与其感知到的稀缺性成正比。但是，如何判断 NFT 的稀有程度？通常，越是出自名家之手的作品越会被认为是稀有的。比如，来自知名画家的独特艺术品、顶级名人铸造的代币等。稀有性可赋予 NFT 巨大的价值。

（2）实用性。效用是评估 NFT 项目价值的一个关键参数。为了承载价值，NFT 需要在实际应用中具有实用性。例如，NFT 可用于标记房地产、贵金属，甚至是证券；代表虚拟土地或游戏资产以及其他更多别的方式。

（3）有形性。与现实世界对象相关的 NFT 绘制了有形元素。与区块链上的所有权不变性相结合，它创造了有形的直接价值。NFT 可以有效地用于强调所有权并消除欺诈活动。NFT 在其参与的项目中的实际使用与其价值有关。比如，代表门票的 NFT 可能有有效期，而代表房地产的 NFT 却会随着时间的推移创造出更多的价值。

（4）互操作性。NFT 价值主张的一个关键因素是互操作性，即在不同应用

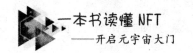

程序中使用代币的能力。比如，如果相同的武器可以在不同的游戏中使用，那么，通证增值的机会就会更大。但是，实现互操作性也是当今的难点，因为开发人员必须构建一个庞大的应用程序网络来使用代币。其实，开发人员可以尝试与其他项目建立合作伙伴关系，以便于为拥有代币的人带来更多好处。

（5）社会认同。与 NFT 背后的项目相关的社会认同是决定 NFT 价值的决定性因素之一。当第一次遇到任何人或项目时，自然倾向于从项目周围的人那里获取线索。社会认同表明了人们通常对项目的看法，并有助于其快速做出决定。

（6）所有权历史。 NFT 的发行人和先前所有者的身份对其价值会产生影响，一般由知名人士或公司实体创建的代币带来的期望价值更高，可以通过与具有强大品牌价值的个人或企业合作，共同发行 NFT 来提升 NFT 的价值主张。转售以前由有影响力的人持有的 NFT 是另一种获得吸引力的方式。市场和卖家可以通过提供简单的跟踪界面来帮助买家找到有关 NFT 先前所有者的信息。

（7）流动性溢价。具有高流动性的 NFT 具有更高的价值。一般情况下，交易者愿意将资金投入交易量大的 NFT 类别，因为更多的流动性有助于他们轻松获利。即使在相关平台关闭的情况下，高流动性的 NFT 也有可能保留其价值。

（8）释放速度。创作者的生产速度也会影响 NFT 的价值。创作者用一年的时间铸造 100 个 NFT 和他仅铸造了 1 个的价值往往是不同的。每年只发布几件精选作品的杰出艺术家的售价往往高于每周发布多次作品的同类艺术家。

不可否认的是，NFT 是有价值的商品。而且，随着它的不断演化，影响其价值的各种因素正在发生变化。虽然在评估 NFT 时，未必会获得完全正确或错误的答案，但是，为了提高判断的准确性，要尽可能全面地去考虑与之相关的各种因素。

铸造：通过自创获得NFT

2021 年 5 月，某歌手在其个人微博上发布了一首新歌，歌曲采用 NFT 技术进行数字加密，并将封面和歌曲的署名权进行公益拍卖。上链仅 10 分钟时间，竞拍金额就突破了 1 万元人民币，最终 NFT 作品以 30 万元人民币的价格成交。

类似的事例有很多。比如，一副看似普通的 NFT 作品，动辄就卖出了几万元，甚至是上百万美元。为什么能够卖出如此天价，这与 NFT 的铸造有一定的关系。

那么，什么是 NFT 的铸造？

提及"铸造"，很多人不自觉地会想到"打铁"或是硬币"铸造"。其实，NFT 的铸造是一个创作的过程，即在区块链上发布非同质化代币的行为。也可以简单地理解为，是让自己的艺术作品上链，变成 NFT 数字作品。

通常情况下，NFT 数字作品的上链过程分为三个步骤。

1. 制作作品数字 ID

若要将一张图片制作成 NFT，首先需要将它的基本信息提取出来，包括图片的作者、图片尺寸、颜色等；其次，将这些信息输入一个加密算法中，通过哈希算法，最后会得到一个哈希值。因为每一个哈希值对应一个原内容，无法被篡改，所以，这个哈希值就是这张图片的数字 ID。

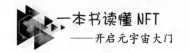

2. 将数字 ID 通证化

如何理解数字 ID 的通证化？打个比方，如果你想要开车上高速公路，那么，你需要先经过高速公路的收费站。收费站的设置有两个作用，一是收费，二是识别过往的车辆号码。

在数字 ID 获得通证化的过程中，要对该数字 ID 进行智能合约开发，这就必须要先选择一条公链，这条公链就相当于高速公路。不同的公链由于底层协议不一样，因此，开发的智能合约也会存在差异。智能合约其实是一个应用，它可以体现出 NFT 的基本属性和流转方式。

接下来，要将一个开发好的智能合约部署到公链上。这时，智能合约就变成了一个收费站，也叫去中心化应用。然后，通过这个智能合约，把第一步制作好的数字 ID 存储在公链上。这样一来，收费站就可以对你的车辆进行识别并收费了。

3.NFT 作品的展示

将图片信息存储到公链后，会得到一个通证 ID。通过这个 ID，就可以在智能合约中读取图片 NFT 的信息数据。这时，可以得到一个通证的 URL（Uniform Resource Locator，统一资源定位系统），它又像是一把密钥，通过这个密钥，可借助浏览器还原储存在这个系统中所铸造的 NFT 作品内容。

假如你是一位音乐爱好者，想通过铸造 NFT 作品来赚钱，那么，应该如何操作？

上面提到的三个步骤可能有些抽象，接下来，我们以在以太坊上进行铸造为例，说明一下操作流程。

首先，要获取媒体，并确定要制作的 NFT 内容。NFT 可以支持不同格式的文件，如 JPG、PNG、GIF、MP3 等。

其次，需要设置一个以太坊钱包。这个钱包用于购买、出售和创建 NFT 的加密货币。你还可以通过钱包在 NFT 市场上创建并登录账户。

再次，需要购买少量的以太坊，以支付创建第一个 NFT 的费用。

另外，将你的钱包连接到 NFT 市场平台。

最后，将文件上传到平台并填写资产说明。

通过铸造 NFT，可以使个人的数字艺术成为以太坊区块链的一部分。铸造完成后，数字作品以 NFT 表示，可以在市场上进行自由交易。

当前，主流平台有 OpenSea、Super Rare、Rarible、欧易 NFT 市场等，每个平台收取费用的标准不一样，有的提供了 10% 的版税，用于其未来任何作品的销售；也有一些是免费的，比如 Treasureland 平台。在选择平台时，一定要选择熟悉的市场平台。

下面举例说明在 OpenSea 上铸造 NFT 的流程，如图 6-1 所示：

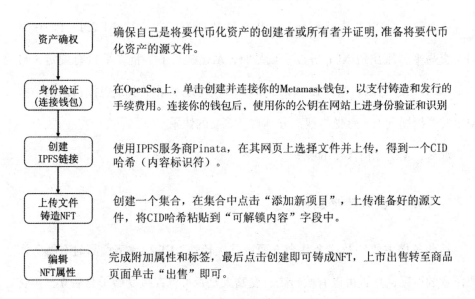

图 6-1 在 OpenSea 上铸造 NFT 的流程

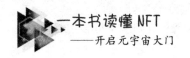

转赠：NFT 系统内的用户相互赠送

转赠是获得 NFT 的一种常见方式。通常情况下，各大 NFT 交易平台都会对外开放转赠功能，系统内的用户可以自由转赠自己的藏品，这样可以增加用户的黏性，提升平台的用户活跃度与转化率。

在将自己持有的 NFT 转赠他人或是接受他人的转赠 NFT 时，首先要注意平台的转赠条件。例如，有的平台规定，持有者必须持有 7 天以上才可以转赠。在这样的规定约束下，客户在获得 NFT 7 天后才能将自己持有的 NFT 转赠给对方。

下面，我们以一个案例来说明如何转赠 NFT。

假如，A 是 NFT 的资深玩家，B 是他的朋友，是一个 NFT 小白。在某 NFT 交易平台刚出售 NFT 与数字藏品时，A 就购买了一批。平台有规定，自购买 15 天后才可以转赠。15 天后，A 迫不及待地登录平台，想把自己的一些 NFT 转赠给朋友 B，感受与他人分享数字藏品的快乐。

那么，A 是如何操作的呢？

1. 了解平台的转赠条件

这些条件主要涉及这么几个方面：首次转赠 NFT 和数字藏品时有哪些需要注意的事项；是否可以有偿转赠；受赠人是否可以在接受赠予与后立刻再转赠他人；转赠他人后，想要撤回怎么办等。

2. 赠予方操作流程

比如，A 要将自己之前购买的已经满足转赠条件的数字藏品"×××"转赠给 B。

首先，A 进入平台的观赏界面。在数字藏品的界面下找到转赠选项，在转赠选项中可以查看该数字藏品的详细信息，包括收藏者、创作者、生成时间和哈希值等。

其次，在确定要转赠该 NFT 后，点击"转赠"按钮，系统会对几个关键信息进行提示，如：转赠不可撤销；受赠者再次转赠须持有多长时间；对有偿赠予的限制等。

再次，系统对 A 持有的 NFT 进行身份验证，即转赠前要进行双重验证：一是转赠密码；二是身份识别。在通过验证后，就能进行转赠，此时 A 选择赠予好友 B。

这里需要注意的是，如果受赠人未在一定时间内（一般是 24 小时）及时领取，数字藏品将会自动退还赠予人。

最后，在赠予完成后，B 确定查收前，A 依然可以在自己的数字藏品展示部分看到正在转赠中的数字藏品。而当受赠人 B 接收了 A 赠予的数字藏品后，该藏品在 A 的展示区消失，系统提示转赠成功。

3. 受赠人操作流程

作为受赠人，B 的操作流程比较简单。B 在登录平台后，可以看到相关提示，即提示有一个数字藏品待接收。如果 B 已经进行过实名认证，则可以直接接收该数字藏品，如果没有完成实名认证，则需要先进行认证，再接收。B 在接收到 A 赠予的数字藏品后，可以在相关的页面中查看该数字藏品的基本

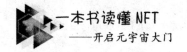

信息。

目前，国内的一些主流的交易平台在逐渐有条件允许用户转赠自己购买的数字藏品。与此同时，严格限制受赠人必须持有较长时间，通常情况下，需要持有一定的天数才能进行转赠。同时，明确要求针对 NFT 和数字藏品的赠予须为无偿赠予，交易平台反对 NFT 和数字藏品的持有人、受赠人对 NFT 和数字藏品进行炒作。

未来，NFT 和数字藏品随着市场的发展会创造更大的经济价值，而各大 NFT 和数字藏品平台只有做到合法合规运营，才能赢得更多更大的用户与市场。

拍卖：通过线上竞价获得 NFT

拍卖是一种很早就出现的商业活动。随着 NFT 热潮的日益高涨，NFT 市场应运而生。一些 NFT 平台也开启了拍卖业务。而且，通过拍卖这种方式，一些 NFT 艺术品以不菲的价格成交。

作为买家，如何从拍卖模式中用合理的价格入手自己喜欢的 NFT?

通常，NFT 平台有两种拍卖方式：一种是预定拍卖，另一种是储备拍卖。无论选择参与哪一种拍卖方式，前提是你得拥有一个钱包。下面，以 SuperRare 交易平台为例，介绍这两种拍卖方式。

1. 预定拍卖

在预定拍卖中，艺术品的卖家可以选择三个参数，分别为：开始日期和时间、结束日期和时间、起拍价。

预定拍卖买家参与步骤有四步。

（1）获得通知。买家关注的艺术家或收藏家已经安排好了即将举行的拍卖会。在拍卖会开始前，作品的报价是无法获得的。

（2）拍卖开始时，作品可供竞拍。如果卖家已经设定了起拍价，那么，买家报出的价格必须达到或超过该价格。

（3）如果买家出价过低，资金将被立即退回，这时买家可以给出更高的价位。竞拍者如果在拍卖的最后 15 分钟内出价，拍卖时间将延长至出价时间

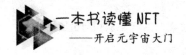
后的 15 分钟。

（4）拍卖结束时，拍卖会自动结束。此时，买家和卖家都会收到通知，需要进行结算。如果卖家没有第一时间进行结算，买家可以通过通知页面进行结算，进行钱和艺术品所有权的转手。

2. 储备拍卖

储备拍卖没有预定的开始时间。储备拍卖买家参与步骤有五步。

（1）如果买家关注某位艺术家的艺术品，而该艺术品被设置了某个拍卖底价，则买家会收到通知。

（2）在活跃的定时拍卖期间出价不能取消。如果竞拍者出价过高，其出价将被退回。

（3）作品会显示有底价拍卖并事先设置了底价，规定不能以低于底价的价格竞拍。如果出价达到或超过了卖家的底价，拍卖就会被触发，开始 24 小时倒计时，直到拍卖结束。

（4）竞拍者如果在拍卖的最后 15 分钟内出价，拍卖时间将延长至出价时间后 15 分钟。

（5）拍卖结束时，交易会自动关闭，并通知买家和卖家需要进行结算。如果卖家没有第一时间进行结算，那么，买家可以通过通知页面进行结算，进行钱和艺术品所有权的转手。

如今，越来越多的传统艺术买家转向 NFT，他们通过参与拍卖来获得自己心仪的艺术品，这也让 NFT 数字艺术品的价格随之水涨船高。这里需要注意的是，现在 NFT 拍卖市场尚不规范和成熟，炒作成分较大，相应的法律法规相对滞后，所以，通过拍卖的方式获得 NFT 仍具有相当的风险，用户对此要有理性的认识。

参与 NFT 一级市场发行

NFT 交易市场分为一级市场和二级市场。在 NFT 交易市场，一些 NFT 团队会采取限时限量的方式对 NFT 进行首次发行，通常被称之为 NFT 一级市场发行。一级发行市场展示了由当前艺术家、创作者、名人明星等首次发行的 NFT 产品，人们可以进行查看和购买。

简单来说，一级市场是发行商对玩家，二级市场是玩家对玩家。做个比较形象的比喻，一级市场有点像新楼盘开售，用户只能从开发商手里买房，二级市场则像二手房市场。

那么，用户如何参与 NFT 一级市场发行呢?

要参与 NFT 一级市场，首先得从一些相关的社区、媒体、平台等渠道获取最新的 NFT 项目信息。比如，某个 NFT 项目预计要在什么时间发行，以及发行的数量、方式等。

虽然许多 NFT 团队会采取限量限时的方式来制造 FOMO（Fear of Missing Out，害怕错过）氛围，以提升用户的参与度。而且，参与者往往有这样一种心理：在一级市场买入，然后在二级市场卖出，以赚取其中的差价。但是，某些 NFT 项目本身的设计机制不够有吸引力、发行方的影响力不大、受众有限，再加上 NFT 项目的发行门槛较低，这些因素就导致了一级市场混乱不堪。而且，这些还会影响到二级市场用户的参与深度和未来预期，结果很可能是这样的局面：一级市场参与者所持有的 NFT 根本卖不出去。因此，用户在进入

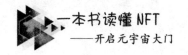

NFT 一级市场时必须要谨慎。

一般来说，用户在参与 NFT 一级项目时，为了成功规避上述风险，需遵循如下三个步骤。

1. 筛选优质项目

NFT 一级市场几乎每天都有新的项目涌现，面对市场上各种眼花缭乱的项目，用户第一时间应该对项目进行筛选，剔除那些无背景、无热度、无设计、无模式的劣质项目，只保留那些看起来比较优质的项目。

2. 获取项目白名单

目前，大多数 NFT 一级项目都会发售二轮，一轮是面向白名单用户的预售，二轮主要是面向所有人的公售。NFT 持有者要想在二级市场卖出并赚取一定的差价，就要尽可能参与项目方前期的活动，以便有机会获取到白名单（也称为优先购），因为白名单用户在参与一级项目时可以拿到非常优惠的价格。

当筛选出合适的项目后，用户要找出认为值得投入的项目，这时可以参与项目方的白名单任务。因为几乎所有的 NFT 项目，官方都会在一些相关的平台、社区发布相关信息，所以，用户只要密切关注白名单活动，并根据项目方要求完成任务，就可得到白名单。

白名单有两种获利途径。

一是通过社群，场外卖出白名单。适合一些认为一级市场存在较大风险，想尽快落袋为安的用户。在二级市场卖出后，可以赚到一定的差价，风险相对较小，只需要花费一定的时间和精力去做任务。

二是握住白名单，参与预售。这种途径适合一些参与一级市场投资的用户，以及博取高收益的用户。当然，与股票一样，NFT 也存在破发的风险。因此，用户要尽量选择优质的项目参与。

3. 参与预售或公售

用户在获得了白名单之后，可以选择参与 NFT 项目的预售。目前，大多数 NFT 一级项目都会进行两轮发售，一轮是面向白名单用户的预售，二轮主要是面向所有人的公售。

一般情况下，预售针对的是白名单用户，参与预售有两个好处：一是部分项目会针对白名单用户制定一个相对较低的价格，二是预售基本都会预留一段时间给白名单用户去铸造，避免 Gas War（是一种市场均衡现象：它们直接通过市场力量产生，以应对有限的供应）。公售，顾名思义，就是公开销售，相当于抢购。尤其是一些热门的项目，这种方式易造成 Gas War。

总的来说，用户参与 NFT 一级市场是有一定风险的。所以，不论是参与预售还是公售，用户都要对项目做出理性的分析，不可贸然入局。

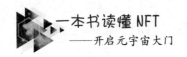

从二级市场获得 NFT

通常情况下，普通参与者很难从一级市场获得抢手的 NFT，这个时候，很多人会选择直接转向二级市场。二级市场鱼龙混杂，想要从中淘宝或捡漏很难。因此，用户在参与前，一定要对其做全方位了解。

在国外，常见的二级 NFT 交易市场有 OpenSea（全球最大的 NFT 市场）、Rarible、SuperRare、Foundation、NBA Top Shot 等平台。用户在筛选项目时，需要考虑好对应的二级市场是否具有一定的流量。目前，大部分的流量都集中在 OpenSea 平台。

1. 判断一个项目的优劣

想要在二级市场购买 NFT，用户要先筛选出来优质项目。那么，如何判断一个 NFT 项目的优劣呢？

（1）看项目方的背景。用户可以通过多种渠道来获取 NFT 项目信息，比如官方的社区、网站等，并关注其背后的 NFT 发行团队。通过项目真实的背景信息，大体可以看出其优劣。如果项目内容介绍不清，团队完全匿名或多数是匿名，路线图 / 白皮书规划较混乱，那么最好不要参与。

（2）看 NFT 的发行和设计机制。从 NFT 本身出发，多研究项目的发行方式、设计质量、设计机制等。从 NFT 的外在表现形式看，收藏品类一般比较注重美学上的评判要求。如果某个项目粗制滥造，那么，基本上就可以判断出它没什么发展前景。

除了项目的设计质量之外，有经验的玩家会根据 NFT 提供的元数据信息以及官方的公告等信息，查看稀缺性等级的分布情况，升级和销毁的可能玩法。如果项目方宣称，NFT 在游戏内可用，那么，这时也需要用户关注一下游戏的进度以及不同类型 NFT 的具体用途。

随着 NFT 的发展，除 IP 及顶流社区共识较强的项目外，纯头像类的 NFT 项目变得不再受欢迎，市场上出现了越来越多的新玩法、新模式，赋予了 NFT 新的生命力。

（3）看社区的活跃程度。对于 NFT 项目，目前最重要的是共识，它非常依赖于社区及市场的活跃度，可以这样说，社区的活跃程度间接地决定了一个项目的发展潜力与价值。因此，用户可以进入 NFT 社群圈子或是项目方的社群来观察社区对项目的讨论热度，通过这种方式可以间接地衡量 NFT 是否有前景。

当然，只比较社区人数是不够的，因为社群内的成员数量很容易造假，还要关注社区内对项目的讨论热度情况。另外，社区用户与项目方之间的互动也是衡量的标准之一。

（4）看交易流动性和交易成本。根据项目方提供的发行信息和所在生态链，可以初步判断该项目所在市场的交易流动性。比如，A 项目计划在 Solana 链上发行，并上支持 Solana 链的二级交易市场，那么，基本上就可以判定：A 项目的流动性较差。为什么？因为国外大部分的 NFT 项目都是在 Ethereum 链上发行，并在 OpenSea 二级市场交易的。当然，这也只是影响项目价值的一个方面，并不是绝对的。

除此之外，还要看 NFT 项目上二级市场后的交易。怎么理解这句话？比

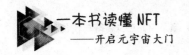
如，在 B 项目预售或者公售过程中，注意其在二级市场 OpenSea 上的活跃度。如果它的活跃较高，那就说明该项目值得关注；反之，则说明没什么人气。

因此，在二级市场购买 NFT，用户最好是选择流动性强的市场及 NFT，否则，很难再卖出去。

2.从二级市场购买的方法

以太坊社区中，常用的 NFT 交易市场为 Rarible、OpenSea、SuperRare、Collectables 等，WAX 区块链上常见的交易市场为 AtomicMarket、Myth.Market 等交易市场。

如果了解电商网站的话，便可以知道如何进行 NFT 交易，因为其交易流程与一般的电商网站差别不大。

首先，在市场上浏览选择喜欢的 NFT；其次，点击查看有关它的详情，如果确定了要购买某个 NFT 后，进入相应的操作页面，按照流程操作即可。

由于每个人都可以创建 NFT，而且，多数的收藏类 NFT 都是以图片的形式呈现，加上以太坊的地址容易混淆，因此，用户在参与 NFT 交易时，一定要仔细分辨。曾经有人做过实验，做了一款使用同样参数、同样图片的 NFT 上架到 NFT 交易平台，结果有多位用户中招。

综上所述，选择在二级市场购买 NFT，不仅要注意平台、交易成本，还要注意避开一些"坑"。

参与 NFT 社区空投获得 NFT

空投，是在 2017 年的 ICO 热潮中首次被引入的，是一种同时向一大群钱包地址发送新铸造的代币的方式。在加密世界中，空投通常用作代币。

空投，顾名思义，就是从天上掉下来的——不花钱，只要接住就可以了。目前，空投是一种比较流行的 NFT 营销方式。使用空投的主要目的是让潜在投资者和热衷 NFT 的人获取相关信息。

举例说明，参与以太坊 NFT 项目的免费空投一般需要准备以下一些工具：激活的以太坊钱包、Telegram 账号、推特账号、邮箱地址等。

在空投结束后，需要过一段时间，通常为一两个月之后，才能拿到代币。其实，项目空投的目的是提高自身的知名度。因为空投一般都是在 NFT 销售前或销售期间进行的，所以，这些空投的代币在销售结束之前是不能流通的。

空投是为项目创始人和社区成员创造价值的最佳方式之一。它们不仅经常奖励持有者获得金钱收益，而且，还是与现有社区成员建立更深层次关系的一种方式。

当然，空投存在一个隐患，就是容易被用来诈骗。因为任何人都可以随时向您的数字钱包发送内容，包括恶意的和不需要的令牌。最常见的骗局是，将持有恶意合同的 NFT 或加密令牌空投到钱包中。这种恶意的 NFT 通常被赋予高 ETH 值，以激励人们与合同进行交互。一旦用户授予智能合约访问权限，那么，他们的钱包很可能就会被盗。

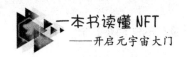

用 NFT 获取收益的四种方法

NFT 不仅本身拥有价值，而且也可以创造价值。随着 NFT 市场越来越规范、完善，未来人们可以通过多种方式"玩转"NFT，并从中获取收益。

目前，通过 NFT 获取收益主要有四种比较实用的方式。

1. 创作并出售自己的 NFT 作品

用户可以在"铸造"的过程中创建 NFT。你不仅可以用艺术、游戏、音乐、收藏品、meme 和域名制作 NFT，还可以使用房地产等现实世界资产创建 NFT。第一个作为 NFT 出售的房产是 TechCrunch 创始人 Michael Arington 在乌克兰的公寓。

2. 玩 NFT 游戏赚钱

区块链游戏的独特之处在于，它们赋予玩家赚钱的能力。简而言之，这意味着你可以获得一些东西，并将此延伸到通过玩游戏来赚钱。有些人甚至将其作为全职职业，因为他们的游戏时间可以货币化。

Axie Infinity 是当今最受欢迎的 NFT 游戏之一。除此之外，还有其他一些可以赚钱的游戏，比如 *Gods Unchained*。如果你喜欢汽车，*Battle Racers* 可以让你制造强大的汽车。如果你喜欢梦幻足球，那你可以选择试玩 *Sorare*。

3.在元宇宙中构建虚拟世界

Decentraland 是一个虚拟世界，你可以在其中购买土地、建立社区和发展经济来赚钱。如果你是 *Minecraft* 和 *Fortnite* 的粉丝，*Decentraland* 提供的另类宇宙可能会让你感兴趣。

基于区块链的 *Decentraland* 与 *Minecraft* 这类游戏之间主要的区别在于，玩家可以拥有 *Decentraland* 中的所有资产。这些资产可以出售、购买和交易。用户还可以创建自己的资产，并在一些 NFT 市场上出售以获取收益。

在这里，用户可以像在现实世界中一样赚钱。比如，可以在市场早期购买土地，然后在 NFT 市场上出售以获取利润。可以在虚拟世界中提供技能和服务，包括编码、营销和制作视频，并以此得到相应的报酬。

4.质押自己的NFT

质押，即将 NFT 存储在平台上，以换取相应的奖励。如果不知道如何处理你的资产，那么，你可以选择质押，这是一种合法获得收益的方式。由于它不涉及出售资产，所以，你将继续保有所有权。当然，并不是所有的平台都提供质押 NFT 的服务。大多数提供 NFT 质押的是基于区块链的游戏，例如 *MOBOX*。

综上所述，NFT 不仅可以让创作者增加收入，还能够让一些游戏玩家合法地获取一些收益。

第七章
NFT的应用场景

NFT的真正价值是为现实世界的物品提供一个上链渠道，充当物理世界和区块链世界之间的连接桥梁。未来，NFT将借助区块链技术，满足个体在虚拟生活中的更多需求，并与更多领域发生交叉融合，创造出更多的应用场景。

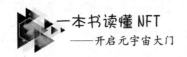
NFT+ 数字艺术品：解决传统艺术圈痛点

艺术品作为一种特殊商品流通于艺术市场，与别的商品一样，具有商品的基本属性，即使用价值和观赏价值。不同的是，它的使用价值体现在精神层面。所以，艺术品的使用价值受到主观因素的影响极大。

但是，这并不是困扰行业发展的痛点。这个行业最大的痛点是：传统艺术市场估值定价中心化、缺少公正鉴定、交易不透明、艺术品难追其溯源、赝品假货泛滥等问题。这已成为制约艺术圈发展的瓶颈。

画作《救世主》是达·芬奇的作品，它先后有过五次公开的交易记录：第一次是在 1958 年苏富比拍卖中以 45 英镑售出；第二次出售的价格不到 1 万美元；第三次出售的价格是 8 000 万美元；第四次的成交价格是 1.275 亿美元；第五次是 4.503 亿美元。

在这五次交易中，最关键的是第三次交易，成交价涨幅高达 8 000 倍。为什么会出现这种情况？因为画作《救世主》有多层的油彩，在这之前，很多人都认为这是达·芬奇弟子的作品。既然不是达·芬奇本人的作品，是仿制品，交易价格自然就不会太高。

2010 年底，一个专家团队通过红外线反射成像技术，发现画作中耶稣的大拇指有过修改痕迹，因此认定这是达·芬奇的原稿。因为仿制品不会有修改的痕迹，因此画作《救世主》的价格扶摇直上。

其实，很多优秀的艺术品与画作《救世主》一样，长期被赝品问题所困扰。如今，随着区块链技术的发展，可以通过 NFT+ 艺术品应用场景从根本上解决艺术圈的这一痛点。由于 NFT 技术的出现，数字艺术品可以被非人工编码，即被赋予了唯一性，因而取得了作为产品的稀缺性特点。这样一来，它就成为一种可靠的收藏品，满足了人们追求差异化的收藏需求。

2021 年 8 月，篮球明星库里用 55 枚虚拟货币，换得了一个无聊猿 NFT 头像，约合 18 万美元。受他的影响，球迷中掀起了一股猿猴头像热潮，很多粉丝在社交网络中换上了库里同款头像。无聊猿经过长时间的社区运营，为简单的图像赋予了丰富的文化内涵。

无聊猿 NFT 正式发售后，社区的价值得以被量化，同一时间它的财富效应、名人效应、社区效应一触即发，不断抬高无聊猿 NFT 头像的价格。受此影响，越来越多的艺术家开始推出自己的 NFT 作品。

NFT+ 艺术品缘何能够得到更多人的认可，并因此而抬高艺术品的价格，这背后的逻辑又是什么？

要知道，在 NFT 出现之前，一般的数字作品常因复制成本低、不易溯源而难以认定其价值。NFT 的出现代表了一种价值载体的进化，构成一种新的资产形式。当你购买一个 NFT 作品时，你会想：我究竟买到了什么？

你花了大价钱之后，会收到附有 NFT 的数字作品以及无法被伪造的艺术家加密签名。同时，你可以在自己的数字钱包或者交易平台账户中看到这些内容。也就是说，你买到的不是艺术品本身，而是一个所有权证书或凭据。因为 NFT 具有不能被篡改的唯一性，所以，这个附有 NFT 的数字作品具有一定的商业开发价值。

与传统的艺术品相比，NFT 无须鉴别真伪，作为数字资产也减少了维护费用。与此同时，NFT 分布式存储且公开透明，可以有效避免版权不清、炒作投

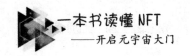
机、内幕交易等问题的出现。这也是近几年"NFT+ 数字艺术品"这个概念颇
受人们欢迎的根本原因。

在目前以投机为主导的、存在大量泡沫的当下艺术品市场，NFT 的出现，
会从根本上改变其原有的商业逻辑与规则，让真正具有投资价值的艺术品回归
其应有的价值。未来，随着 NFT+ 数字艺术品应用场景的不断丰富与发展，传
统艺术品行业必将迎来新的机会，并实现良性、有序发展。

2022 年 3 月 6 日，湖南鲸喜玛特文化发展有限公司与湖南省博物馆合作，
通过 NFT 传播神秘而璀璨的湖湘文化。基于湖南省博物馆国宝级馆藏文物
《朱地彩绘棺》图案，创造发行 8 888 份 NFT，一经上线即被抢购一空。

NFT+ 游戏：颠覆传统游戏经济模式

当下，元宇宙、NFT、区块链等概念持续火热，它们不断地与一些新的行业、市场融合，诞生新的应用场景，游戏行业也不例外。其中，关注度比较高的，是用 NFT 打造的颠覆传统游戏经济模式的 GameFi。

截至 2022 年 4 月，GameFi 项目分布在 35 个公链上，超过 1 400 个项目。GameFi 除了可以让玩家享受游戏带来的乐趣外，还能够使玩家获得一定的经济收入。

1. 什么是 GameFi

GameFi 中文翻译为金融游戏化，简单地说，GameFi=NFT+DeFi+ 游戏，将 DeFi（Decentralized Finance，去中心化金融）的规则游戏化，将游戏道具产品 NFT 化。DeFi 是 GameFi 的内核，游戏是 GameFi 的外壳，而 NFT 是去中心化的必备手段，对应的是游戏类的装备和道具。

2.GameFi 背景

关于 GameFi 的背景，可以从以下三个方面来了解。

（1）DeFi 与 GameFi 二者相互成就。DeFi 将区块链技术和金融相结合，充分利用了区块链更透明和更高效的特点，对传统金融的短板进行了有效的提升和改进。目前，DeFi 在底层设施、上层应用层面已经日渐成熟，但是，要进

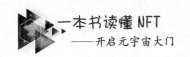
行新的商业模式与项目的创新则比较难。于是，一些创业者开始将目光转向基于 DeFi 生态的 GameFi，而 GameFi 的火热，也刺激了 DeFi 的发展。

（2）高效的网络。GameFi 的发展在很大程度上受限于区块链网络性能以及高昂的手续费。由于各类高性能公链、侧链的出炉，不仅能够为玩家提供更好的交互体验，而且还降低了相关手续费成本。因此，游戏交互变得更加快捷方便，同时也使得游戏资产能够更好地与内置交易、抵押、出租、借贷等金融功能的金融产品相融合。

（3）PVE（人机对战模式）和 PVP（玩家对战模式）。传统的互联网游戏偏重娱乐和消费，玩家在玩游戏的过程中，赚钱的永远是游戏开发公司，而 GameFi 则倡导 PVE 和 PVP，让玩家边玩边赚，成为从游戏中吸金的主力军，让玩家更好地沉浸在游戏世界中。

3.GameFi 特点

NFT+DeFi+ 游戏与传统的游戏相比，有如下四个特点。

（1）NFT 为游戏提供了多种道具、人物，甚至是公会等，使得游戏的可玩性变得更强。

（2）GameFi 则提供了完全不同的游玩视角。DeFi 的质押代币的形式，为游戏提供了交易及质押功能，并且获取的金币、道具等可在链上市场进行售卖。因此，玩家可以通过游戏获得一定的收益，而传统游戏主要都是以消遣为目的。

（3）NFT 游戏的黏性更高。传统的游戏公司自行策划设计游戏的玩法、场景、角色等，而 GameFi 游戏的每个玩家都可以参与对整个游戏的完善、升级。

（4）NFT 游戏是去中心化的，所以，游戏和用户密切相关。

4.GameFi 应用

如今，GameFi 的应用有很多，下面介绍五种常见的应用。

（1）*Axie Infinity*。Axie 宠物可以收集、繁殖、战斗及饲养等，初级玩家需先购买三只 Axie 在游戏中完成任务，或者是通过 PK 对战获得 SLP，而 SLP 可以转到市场上进行交易，或者是用于 Axie 的繁殖。

（2）*CoPuppy*。它是智能区块链上的一款新游戏。对开发人员来说，*CoPuppy* 比较开放、友好。它支持多类型的原生态 DEFI 应用，可以帮助开发者和用户体验全新的 NFT 体验。而在 *CoPuppy* 中，NFT 不只是藏品，也是游戏、跨链协议等在内的去中心化应用。

（3）知识大陆。知识大陆是游戏化知识图谱协作平台，简单来说，就是通过回答问题的方式来获得积分，然后用积分去探险，在探险过程中可以获得代币 EPK，从而提高账号等级。

（4）*My Defi Pet*。它是一款个性化的 DeFi 宠物养成游戏，将传统的游戏体验和 DeFi、NFT 收藏品玩法融为一体。玩家可以繁殖、购买和交易怪物，也可以建立自己的战队，通过与其他玩家进行战斗，来获得奖励，还可以开发 NFT Pet，并在 NFT 市场上出售。

（5）*Binamars*。它是一个集成 NFT 游戏和去中心化产量农场应用程序的平台，是集 DeFi+NFT+ 游戏的平台。在 *Binamars* 中，主要角色为不同种类的龙，玩法比较简单：养龙 + 战斗。*Binamars* 玩法丰富且具有 DeFi 属性：质押养殖和 NFT 属性：各种龙和装备。

相较于其他行业，游戏行业是最早尝试引入 NFT 的领域，现在，不论是虚拟世界、网游还是收集类游戏，即便是卡牌类游戏，在其中都能看到 NFT

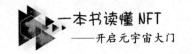
的影子。可以说，NFT 在游戏中的应用场景较为广泛。因为 NFT 可以将游戏中的装备、宠物、角色转化为资产，由玩家持有、交易。这样一来，就增加了游戏的可玩性，从而激发了玩家的兴趣。

湖南幻影元界科技有限公司在自己的卡牌类游戏和养成类游戏中应用了 NFT 身份与 NFT 道具，提高了用户体验，收到了良好的效果。

NFT+ 营销：让品牌传播得更快更持久

当前，品牌数字化转型已经是大势所趋，而营销数字化是其重要的切入点。根据《2022 中国数字营销趋势调研》的统计结果显示，各品牌广告主在数字营销上的费用投入占总营销费用均值连续两年超过 50%。

获取私域流量、直接形成销售转化、积累客户数据是品牌数字化营销的主要目的。使营销行为从单次触达转化为多次、反复触达，可以摆脱品牌流量困境和能够解决营销获客成本攀升问题，从而实现品牌的可持续发展。

在品牌私域流量的获取上，数字藏品具备"天生线上"的基因，品牌本身可以凭其自有渠道精准汇集目标用户，提升品牌 IP 价值，获取私域流量。数字藏品为用户提供的兼具趣味性、社交性、稀缺性的内容，有利于品牌与用户之间维持更为长期且稳定的联系。

作为一种数字资产，NFT 和品牌已有的数字化营销生态极为契合，能够产生非常完美的结果。比如，支付宝的丰子恺漫画皮肤，就像是其 APP 付费皮肤的一种演变，可以看作是一种独一无二的个性化皮肤，为崇尚个性的用户提供了一种新选择。

以线下销售为主的品牌也可以做 NFT 营销，通过虚拟数字资产代表品牌，可以为消费者提供更多选择和更大的附加价值。

2022 年 1 月 25 日，肯德基 35 周年庆特邀 AI 和区块链艺术家宋婷领衔的科技艺术工作室 Ting Museum 联合打造了名为"科学追光者"的数字艺术藏

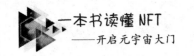

品。以 AI 科技将科学追光者们数年来追逐的真理结晶，提炼生成 3 500 份独一无二的数字艺术藏品。

2021 年 10 月，奥利奥品牌推出了黑白灰新款饼干，在洞悉消费者群体偏好的基础上，奥利奥品牌方推出了数字水墨画卷的数字藏品，解构成 5 000 块奥利奥数字饼干 NFO(Non-fungible OREO)，并于限定时间开启认领，作为送给粉丝的独家福利，让粉丝领取到一份永不过期的奥利奥。

2021 年 1 月 21 日，世界顶级品牌拉菲罗斯柴尔德家族推出新品——拉菲罗斯柴尔德乐享得梅多克虎年限量红葡萄酒。抢购资格从预约券中抽取，公布中签结果后即可进行抢购。本次活动共计发售 2 轮，每轮只要抢购到该款虎年全球限定发售的拉菲乐享得红葡萄酒，就可以获得拉菲红酒数字孪生藏品，并有机会获得"梅多克庄园""提格尔葡萄园""拉菲钢琴"等限量数字藏品。

2021 年 7 月，"啤酒之王"百威宣布与 VaynerNFT（NFT 媒体商店）达成战略合作，将涵盖商品、票务等多个业务。同年 11 月，百威宣布推出首个 NFT 系列 "Heritage Collection"，共计发行 1 936 个，该系列推出后不到一小时即被售空。

2021 年 10 月 28 日，数字收藏品平台 VeVe 与迪士尼达成战略合作，推出米老鼠 NFT 收藏品，部分 NFT 买家将获得 Disney+ 限定会员服务待遇。

2022 年 2 月 15 日，中央广播电视总台联合腾讯音乐发行了"十二生肖冰雪总动员数字纪念票"原创 IP 数字藏品，趁着冬奥热度缔造了数字藏品的又一次破圈传奇。"十二生肖冰雪总动员数字纪念票"是为此次冬奥盛会专门设计的具有中国特色的纪念品。

邵阳蓝印花布是国家级非物质文化遗产，深重的蓝，纯净的白，质朴的色彩，古拙的纹样，显现出浓烈的乡土气息。湖南鲸喜玛特文化发展有限公司与非遗大师罗沙沙合作，在 2022 年 4 月 16 日发布了四款蓝印花布数字藏品，每款 2 388 份，每份数字藏品附带一份邵阳蓝印花布产品，一经上线即被抢购一空，如图 7-1 所示：

图 7-1　邵阳蓝印花布 NFT 示意图

通过 NFT 营销模式，更能激发品牌忠实粉丝的激情，而品牌推出的 NFT 产品的受欢迎程度，也成为其品牌力、用户影响力、文化影响力的一大关键指标；此外，由于 NFT 的区块链属性，它也能成为品牌保护知识产权、杜绝盗版的一个技术手段，从而强化了产品的稀缺性。大量全球头部品牌已经开始试

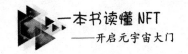

水 NFT 营销模式,而 NFT 营销模式对于品牌文化、品牌 IP 的打造将会起到意想不到的重要作用。

随着元宇宙的到来,在未来的消费空间中,数字藏品的覆盖场景将得到不断拓展,有望成功打通虚实消费场景间所存在的壁垒。

一方面,品牌本身可以凭其自有渠道精准汇集目标用户,帮助品牌获取私域流量;另一方面,可将数字藏品当作进入社区的凭证,开发其社交价值,用户可以相互交流,分享感受。相比周期性、暂时的数字营销活动,数字藏品的出现为用户提供了长期的趣味性、社交性,创造出了稀缺和专属的内容。另外,用户长期持有的数字藏品也会促使其与品牌维持更为长久的联系。

NFT+ 盲盒：开启营销模式新玩法

提到盲盒，很多年轻人并不陌生，顾名思义，"盲盒"就是不知道其中装有什么的盒子。在现实生活中，盲盒里面装着的大部分都是一些手办、生活用品、电子产品等。

盲盒是时下比较流行的一种营销方式，尤其受到年轻人的欢迎。这种营销模式创新了一种充满不确定性的购买机制，即指消费者不能提前得知具体产品款式的盒子，具有随机属性，只有打开它，才会知道自己抽到了什么。这种不确定性会刺激消费者一再购买，并且感觉"很上瘾"。

例如，现在很多年轻人都喜欢购买玩偶盲盒，一买就停不下来。通常，这些盲盒有很多款式，一套由十多个不同的玩偶组成，价格几十元。由于盲盒被设计成不同的系统风格，一个系列至少包括十几套，所以，消费者要集齐一个系列的玩偶，必须要大量购买，而且有很多时候会买到重复的玩偶。

假设一个盲盒 50 元，一套有 10 个款式，一个系列有 5 套，那么，若想要集齐一个系列的 50 个玩偶，至少要买 50 个盲盒，也就是要消费 2 500 元。

所以，经常有一些年轻人会一箱一箱地买，花五六千元，甚至上万元，为的是集齐一个系列的玩偶或是有机会抽中含有稀有款式玩偶的盲盒。

以"盲盒"为代表的潮流玩具和时尚消费产业，正成为时下年轻人寻找存在感、进行社交的重要方式。如今，盲盒不再仅是玩具商家开发的小众产品，而已成为各行业争取年轻消费群体的重要营销模式，正逐渐走向大众化。

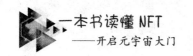

随着盲盒这种营销方式的大众化，越来越多的商家开始将一些 NFT 项目与盲盒结合起来，推出 NFT 盲盒，这无疑给原本火热的行业又添了一把火。NFT+ 盲盒不但可以保证项目的稳定发展，而且还能够激发参与者的热情。

2021 年，北京冬奥会开幕期间，吉祥物冰墩墩迅速出圈，成为顶流 IP，线下门店一墩难求，这种火爆的场面甚至延续到了线上。2021 年 2 月 12 日，由官方授权发行的冰墩墩 NFT 盲盒在 NWayplay 平台上发售，总共发售 500 个数字盲盒，每个账户限购五盒。由于购买冰墩墩 NFT 数字盲盒的买家有机会抽到冰墩墩 NFT，所以，冰墩墩数字盲盒倍受欢迎。盲盒刚一上线，就被抢购一空，二手市场的交易价格甚至暴涨了近千倍。一个盲盒 99 美元，其中含有三个 NFT，一个史诗款，两个珍稀款。算下来一个 NFT 的成本是 33 美元。很多人买到手后，转手就以 1 000 美元，甚至是更高的价格卖出。

近两年，盲盒市场异常火热，兼具艺术性和探索性的盲盒成为新的消费热点，类似冰墩墩这样受欢迎的 NFT 盲盒项目还有很多。

Hashmasks 是一个数字艺术收藏品项目，由全球 70 多名艺术家创作，总供应量为 16 384 枚 NFT，每一枚都是独一无二的个人肖像，每幅画作还拥有 5 个稀缺性元素，每个元素的稀缺性程度不同，用户可随机抽取。用户在购买肖像画作后，可以为其命名，在增加其稀缺性的同时，使其成为用户数字身份的象征。该盲盒项目上线就全部售完，成交额高达 1 400 多万美元。

2022 年 8 月 4 日，鲸喜玛特数藏平台开展七夕活动，推出数字虚拟人 YOKI AI 原画 NFT 盲盒七夕限定款 Bestie 系列。让世界充满惊喜，春风十里不如七夕有你，2022 年七夕 YOKI 与她的闺蜜们来陪你，该系列 NFT 盲盒被很多年轻人抢购一空，如图 7-2 所示：

图 7-2 鲸喜玛特推出的 YOKI AI 原画 NFT 盲盒产品

　　凭借独有的趣味性，再加上艺术品独特的艺术性，NFT+ 盲盒市场未来的发展空间将会很大。现在，市场上有数以千计的 NFT 盲盒系列。有的 NFT 盲盒装了艺术品，有的为玩家提供稀有的游戏内物品，还有的提供游戏人物、虚拟土地、皮肤等。

　　综上所述，NFT+ 盲盒不仅是一种新的营销模式，还是 NFT 新的应用场景。它遵循了这样一种商业逻辑：通过更人性化的奖励机制，将产品销售中的利润最大化，并最大限度地让利于参与购买盲盒的用户，从而实现多赢。

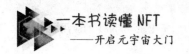

NFT+ 影视：相生相爱，相得益彰

NFT 的火爆，让它成为各行各业的"宠儿"，各行各业都在寻求如何与 NFT 更好地结合。NFT 与其他产业的合作，是一场互助共赢。NFT 与影视业的深度融合，为 NFT 和影视产业的发展提供了全新的思路。

二者的结合不仅是影视业的机遇，同时也丰富了 NFT 的 IP 素材。NFT 在影视作品中扩张自己的现实影响力，影视创作通过 NFT 让它的版权受到更有效的保护，亦能从中获得新的创作可能性。

在影视产业与资本金融的磨合发展中，已经逐渐形成了传统且固定的政府投资、商业银行贷款、私募基金以及广告植入的四足鼎立的电影投资格局。由于资本垄断娱乐行业，普通人很难加入影视资金投资场，为此，导致影视投资来源也受到了局限。

曾在 2018 年荣获 IFTA（爱尔兰电影电视奖）的马克·奥康纳为了打破这一资本垄断电影的局面，在 Moviecoin.com 平台推出新作 *Oui Cannes*，以预售 NFT 获得 100% 的全额融资。在 Moviecoin.com 平台上购买了 NFT 电影的持有者们在电影发行多年后，仍然可以继续获得利润分成。

NFT 电影预售不仅创新了电影的融资模式，还改变了电影的制作方式和制作类型。导演们在区块链上发行电影，能够直接以 NFT 的形式将电影作品朝向观众发布。NFT 技术使得电影制作过程更加民主化，实现独立电影在全球范围的自由发行，消除了艺术壁垒，对影视制作模式造成了颠覆性的转变。

同时，影视作品中的 IP 衍生 NFT，已经成为影视作品新的价值增长点。伴随着 NFT 热潮，众多影视节目更是顺势推出 NFT 衍生产品，这些 NFT 搭载着影视 IP 独到的文化价值输出，正逐渐成为一种潮流。

2022 年 3 月 3 日，中国东方演艺集团联合大麦和灵境推出在春晚舞台上大火的舞蹈诗剧《只此青绿》的 NFT 纪念邮票。3 月 24 日，芒果 TV 依据其出品的自制综艺《明星大侦探》开发出了"侦心不改"系列 NFT。

2022 年初，演员易烊千玺主演的电影《奇迹·笨小孩》联合海纳星云旗下 IP 数字衍生品丸卡推出了限量 NFT 头像，同步线下电影展映，为电影造足了噱头。2021 年末，电影《黑客帝国》就以其系列电影里著名的"红蓝药丸"制作了 100 000 个 NFT，最终收益高达 500 万美元。

《斑布猫》是一部少儿类动画作品，播放平台是腾讯视频。可萌可帅，拥有意念超能力的斑布猫，经常以肥宅网红自居，喜欢唱歌跳舞，也喜欢自拍，和铲屎官小姐姐每天都会发生不少令人捧腹的生活趣事，深受年轻人的喜爱，如图 7-3 所示：

图 7-3　斑布猫 NFT 示意图

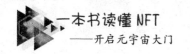

斑布猫 IP 所有者深圳市惊叹漫链原创文化有限公司，授权湖南鲸喜玛特文化发展有限公司在 2022 年 6 月 1 日发行六期斑布猫的 NFT，每期 NFT 为 2 222 份，上线就被抢购一空。

另外，成功的 NFT 也可能强势化身电影，目前，已经有很多成功的 NFT 项目将他们的角色和故事搬到了大银幕上。NFT 项目已经成为电影创作的重要素材和灵感来源。

长期霸榜 NFT 交易市场前三的无聊猿，不仅在发行短短一年的时间里就被估值 40 亿美元，而且像饶舌巨星埃米纳姆、脱口秀主持人吉米·法伦、华语乐坛顶流周杰伦等众多各行各业的大咖明星都对其趋之若鹜，只为拥有一只无聊猿。

Coinbase 宣布将以这样的知名大 IP 的系列 NFT 项目 Bored Ape Yacht Club（无聊猿）为主题内容制作动画电影三部曲——*The Degen Trilogy*。动画电影的故事背景是虚构的一个年代混乱的曼哈顿中城，而"无聊猿"社区将成为其中的一个重要部分，动画的主角当然就是这群丑萌的 NFT 无聊猿，每一位 NFT 无聊猿的所有者都可以带着自己的无聊猿参与这次选角。若是其所持有的 NFT 被选中，持有者的授权行为都可以写在区块链上被永久留存，令人听着就心动。

除此以外，"NFT+ 影视"的联袂行动还有很多。2022 年 3 月，漫威电影制片人阿里·阿拉德（Ari Arad），宣布计划以艺术家本·茂罗（Ben Mauro）的以太坊 NFT 漫画项目 *Huxley*（赫胥黎）为蓝本进行电影改编。同年 2 月，瑞茜·威瑟斯彭（Reese Witherspoon）宣布计划根据的《女性的世界》（*World of Women*）NFT 项目制作电影和电视剧。

NFT 与影视的联合发展，拥抱娱乐圈中爱好数字经济的"粉丝群体"。

"NFT+影视"的模式，必将会随着众多明星的入场而变得愈加广泛平常。

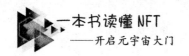

NFT+ 音乐专辑：挑战传统的音乐结构

几百年来，音乐的形态和体验一直在随着技术的变革而发生着变革。从早期的留声机到黑胶唱片，从录音机、随身听、CD Player 到磁带、CD。进入 21 世纪，随着 MP3 的普及，先前惯用的专辑发行形式开始向单曲发行转变。这时，一个新的问题出现了：盗版猖獗且不易追踪。这也成了该行业的最大痛点。

之后，互联网越来越普及，音乐的表现形式越来越多样，尤其是直播、短视频等多媒体与音乐的结合催生了一些新的音乐商业模式。但是，之前出现的盗版问题依然未能从根本上得到解决，甚至是愈演愈烈。比如，某位作曲家或是歌星的某首歌火了，就会有很多人去翻唱，有的人有相当不错的音乐功底，翻唱得非常好，并因此吸引来了一批粉丝。于是，他要做直播。这时，问题就来了：未经原作者的同意，这种翻唱行为本身算不算是侵权？有人说，我改了歌词或是调了一下曲子，就不能算作是侵权。但是，原作者却认定这种行为就是侵权。

可以说，网络与多媒体技术的发展，改变了传统音乐行业的发展模式，同时，也为传统音乐行业带来了不小的冲击。近两年，音乐 NFT 的出现与发展，给音乐行业带来了更多想象，它不但有望解决行业的最大痛点"盗版、侵权"问题，而且还能为行业发展指出一条新的路线。

音乐 NFT 可以使音乐人摆脱中间商实现收益自主。音乐 NFT 基于区块链技术，音乐人可自行铸造发行作品，完全拥有版权，所获得的收入也将大部分归为音乐人本身。除此之外，音乐与 NFT 的结合还具备永久、独特的收藏性、拓展粉丝权益、给予新人机会等附加价值。

那么，什么是音乐 NFT 呢？音乐 NFT 是与一段音乐作品相关的 NFT。它可以是一支单曲、整张专辑、MV，甚至是一段生成性音乐，即用计算机程序将随机的模式、颜色、声音或形状用算法生成的音乐作品。当然，它也可以指向其他与音乐有关的东西，比如，演唱会门票或专辑封面。

2021 年，全球首张音乐专辑 NFT，即著名音乐家和制作人 3LAU 与 Origin Protocol 合作发行的限量版音乐专辑 Ultraviolet Vinyl NFT Collection，在一次拍卖中的总成交价超 1 100 万美元，一时轰动了音乐界。

这个拍卖分为几个不同的级别。其中，第一名为白金级别，3LAU 将为竞标者定制个人品位和偏好创作的歌曲，同时，该竞拍者还有机会获得一张实体黑胶唱片，以及 Ultraviolet 专辑中的所有 NFT 歌曲与尚未发行的音乐。第二名至第六名为黄金级别，3LAU 将为他们提供自定义混音、实体黑胶唱片和未发行的音乐。第七名至第三十三名为白银级别，3LAU 将提供一张实体黑胶唱片和 Ultraviolet 中的三首 NFT 歌曲。出价排名前 33 位的竞拍者还获得了一份忠诚度 NFT。

如今，NFT 在音乐行业的应用越来越多，众多明星艺人纷纷打造自己的 NFT 音乐产品。比如，摇滚乐队 King of Leon 以 NFT 形式发布新专辑 When You See Yourself，并创造了 145 万美元的销售额；Linken Park 创始成员 Mike Shinoda 推出名为 Ziggurat 的系列音乐 NFT。《时代》周刊推出名为 "构建更美好的未来" 的 NFT，产品上线不到一分钟就销售了 4 676 件 NFT 作品。汉堡王推出 Keep It Real Meals 营销活动，消费者扫码餐盒兑换歌联名 NFT；Tiktok 推出 TikTok Top Moments，将爆红的短视频制成 NFT，分成唯一版和限量版进行

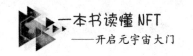

发布；可口可乐推出品牌虚拟服装，作为"可穿戴"的 NFT 外套。

随着 NFT+ 音乐在国外的火爆，国内的音乐人也刮起了一股 NFT+ 音乐风暴。比如，一些音坛名流相继推出自己的 NFT 唱片、专辑，增加创收的渠道，尤其是以 NFT 的方式发行单曲或专辑，不仅可支付制作和营销专辑的成本，甚至还为音乐人带来了超额的利润。与此同时，一些音乐版权平台也创建了 NFT 板块。

对于音乐创作人来说，NFT 音乐不但是一种有趣的与粉丝交互的方式，而且还是一种独特的音乐叙事方式。当然，它也有望更好地解决版权问题。毕竟，在过去的发行模式中，即便是音乐的创作者也很难完全拥有完整的音乐版权，因为发行过程中存在着许多环节。音乐 NFT 可以省去许多中间环节，使得发行模式变得更简单直接，作品权属更加清晰。同时，让创作者拥有了更多的收益自主权。

对粉丝来说，音乐 NFT 可以让他们变成股东，他们有机会获得自己喜欢的艺术家的股份，并能从中获得价值，这确实颠覆了传统的消费主义。

对于音乐产业来说，NFT 通过将音乐作品作为数字单位，并创建一系列可识别的数据块储存在区块链上，形成可溯源、不可篡改的通证。这为音乐相关 IP、版权的保护问题提供了很好的解决方案。

受新冠疫情的影响，许多线下的音乐会、音乐节、演唱会纷纷取消或无限延期。与此同时，大量的线上音乐演出不断出现，更加速了音乐产业走向虚拟化，同时也促进了音乐 NFT 的发展，使音乐 NFT 几乎在一夜之间成为整个市场的一个常见品类。

可以预计，就在不远的将来，音乐 NFT 将会挑战传统的音乐结构，成为 NFT 产业发展的重要领域，并带动音乐行业的加速发展。

NFT+ 文旅：摆脱疫情的桎梏

在疫情防控常态化的大背景下，文旅部门通过 NFT，复活成熟 IP，实现线上线下联动。以此发行的数字藏品更具有想象力和创新性，再加上相对亲民的定价和深厚的文化底蕴加持，使得文旅数藏产品在年轻人中的认知不断提升，既为文旅单位摆脱了疫情带来的桎梏，又因此扩大了自己的影响力，并极大地提升了其在年轻群体中的热度和影响力。

中国幅员辽阔，自然、历史文化底蕴深厚，旅游资源丰富多彩，十分适合用 NFT 数字藏品来开展二次创作从而激活原有资源，帮助文旅业获得数字化时代的新机会。持有大量成熟 IP 的地方文旅部门适时推出符合年轻人喜好的概念和文创产品，帮助年轻消费群体寻求到一种全新的数字消费模式，吸引更多年轻人来关注特定的文旅 IP，通过数字藏品活化和赋能整个产业。

各大文旅景区借助自身所拥有的 IP 文化标识以及消费者对它的喜爱，把游览的产品变成收藏的产品，并利用当地独有的特色景致、文化、名人、节日等元素不断拓宽延展数字藏品内容，不断赋予产品更多的情绪价值、文化价值，强化与消费者沟通，推动文旅 IP 高质量发展，实现高效能传播，为景区持续引流。

1. 数字藏品赋能景区宣传推广，弘扬当地传统文化

各大景区在新冠疫情背景下纷纷抓住了元宇宙营销机遇，借助数字藏品

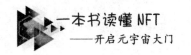

为景区发展焕发新生。景区通过发行以景区景观、历史文化名人、文化故事、文旅演艺等内容为原型进行二创的数字藏品，并借势中国旅游日、春节、灯会等重大节日及当地特色活动节点，达到景区宣传推广、弘扬当地传统文化的效果，让景区在疫情环境下也能活跃在消费者面前，提升消费者对景区的了解及旅游消费的欲望。

自 2021 年底开始，西安曲江文旅股份联合大唐芙蓉园、大唐不夜城、大明宫国家遗址公园、西安城墙景区等各大景区，陆续发行了超过 20 款数字藏品。从传统文化领域的苍龙、白虎、头号财神，到景区经典 IP 城墙小武士系列等，在上线发售时即被"秒空"。

2022 年 1 月，陕西旅游集团携旗下 11 大景区，特别发行了"心随陕旅·一路奇迹"陕旅全景手绘贺岁 NFT。本套景区系列数字藏品共计发行 11 款，每款限量 3 000 份。藏品以数字盲盒的形式推出，如果集齐全套 11 款产品，则可合成最终的手绘长卷"锦绣陕旅"图。

同年 3 月，支付宝旗下的鲸探 APP 推出了大美河山系列，首期长城、颐和园、泰山、黄山、福建土楼、泉州六个世界遗产名录区域陆续发行数字藏品。用户购买成功后，可以在鲸探近距离观摩建筑构造特点，也可以策划数字展馆分享邀请好友逛展。

同年 3 月，由河南嵩山少林文化旅游有限公司发布的"嵩山少林区块链数字版权限量作品"在阿里拍卖平台共发行 4 款，每款限量 10 000 份，首发两款藏品上线 2 分钟内全部售罄。

同年 4 月，华山景区在阿里拍卖上首发 4 款以"巍峨立世·云端献礼"为主题，以华山景区真实景色为蓝本的数字藏品，每款限量 10 000 份。

同年 5 月，夫子庙文旅集团以秦淮灯会为主题，邀请了江苏省非遗传承人陆敏与新生代美学主理人杨天娇，在数字环境中共同创作了一系列支持非遗传承、传播的艺术作品，并登录网易星球平台发布。

同年 8 月，鲸喜玛特数藏平台将为岳阳楼推出系列数字藏品，以"洞庭天下水，岳阳天下楼"为主题，宣传推广"天下第一楼"，下面是该系列数字藏品设计图示例之一，如图 7-4 所示：

图 7-4　唐代岳阳楼数字藏品示意图

2. 数字藏品赋能文旅实体经济发展

数字经济的发展给景区经济带来了全新的转机，大家纷纷以数字化的方式重塑实体文旅产业链。其中，数字藏品成了全新的文旅数字消费业态，提升

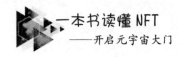
景区数字化及相关领域增收，赋能文旅 IP 内容升级，促进文旅实体经济发展。

仅 2022 年 5 月 19 日"中国旅游日"当天，包括华山、漓江、长白山、黄果树、峨眉山、鸡公山等景区在各平台发行的数字藏品就有近 20 万份。自 7 月份以来，景区发行藏品的热度依然不减。根据财通证券数据显示，7 月初文旅数字藏品日均发行额为 131 万元，环比增长超 40%。

黄山景区在国内同行业中率先发布了系列数字藏品，现已累计发行 5 款共计 5 万份数字藏品，均是一经推出便秒罄，其中，迎客松 3D 数字藏品和金箔迎客松数字藏品两款共计 1.6 万份，实现销售额 40 万元，实现利润 30 万元。预计 2022 年数字藏品营收有望突破 2 000 万元。

（1）景区纪念票 + 旅游消费赋能。

2022 年 4 月 28 日，水泊梁山景区在阿里拍卖平台发行了首款数字门票"好汉令"，此次发行的"好汉令"不单具有收藏价值，景区更赋予其终身免费游览景区的使用价值，为全国首发。

5 月 1 日，洛阳老君山首款数字文创纪念票《老子骑牛·天界五宫》正式发布。只要购买老君山数字纪念票，就可领取老君山网红项目优惠券，内容包含飞拉达攀岩、步步惊心、高空魔毯、高空飞翔等项目。

6 月 1 日，安徽天堂寨景区首款数字文创纪念票上线，景区还配合推出了数字纪念门票发售的抽奖活动，以提升活动触达率、消费者留存率，以引导游客进行二次消费。

（2）IP 的联合与打造 + 特色文旅 IP 内容赋能。

2021 年底，大唐不夜城联合打造的"大唐开元"系列数字藏品上线，数秒售罄，这是西安首个 3D 建筑模型的数字藏品。

2022 年 3 月，泰山景区联合支付宝旗下的鲸探平台策划推出首期"泰山系列数字藏品"，包含五岳独尊、风月无边、如意、"虎"字石刻等标志性景观，3.2 万份泰山首期数字藏品瞬间售罄，实现销售收入 80 万元。

同年 4 月，深圳华侨城欢乐港湾景区携手国内新锐玩具设计师建立国内新晋原创潮玩 IP，于腾讯至信链发行首个数字艺术藏品"摩"力港湾。"摩"力港湾共包含 4 款不同主题的藏品，设计理念均基于潮玩 IP 元气城市 City Girl ROBAO·OLIGE，购买者可以获得一年的摩天轮乘坐年卡和联名实体潮玩手办，4 款藏品各限量 1 999 套。

同年 4 月，泰山景区发布限量数字藏品"泰山神启跸图·十八学士"和"泰山神启跸图·东岳大帝"两款产品。其中，"泰山神启跸图·十八学士"售价 18 元，发行 1 万份，上线仅 6 分钟就售罄。泰山景区发行三期数字藏品累计销售额超过了 200 万元。

同年 5 月，昌平文旅集团以文创故事 + 数字技术 + 长城 IP 的理念，通过授权的方式进行居庸关长城"文博 IP、文旅 IP、文体 IP + 遥作 NFT 平台"的研发推广及与实体产业联名合作，以潮流的打卡方式，借助盲盒、数字藏品、虚拟人 IP 等创新手法，不断激活居庸关长城 IP 博物馆的文化势能，让居庸关长城文物"活起来"。

同年 7 月，泰山景区联合京东发行了"泰山—春夏秋冬系列数字藏品"，春夏秋冬各发行 5 000 份，每份售价为 25.8 元。

3. 地方政府积极支持打造数字藏品平台

2022 年 4 月 15 日，山东省互联网传媒集团和山东文化产权交易所联手打造了山东首个国有数字藏品交易服务平台"海豹数藏"。

同年 4 月 22 日，浙江省首家国资系数字藏品规范化交易平台——虚猕数

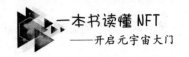

藏正式上线。

同年5月5日，由山东文旅传媒集团有限公司、深圳市博乐信息技术有限公司、山东文旅投资集团有限公司联合打造的3D交互数字藏品流通平台"文旅数藏"重磅上线。

同年6月2日，在北海举行的第17届中国—东盟文化论坛上，"一键游广西数字藏品平台"正式上线，广西首款以少数民族建筑为原型的数字藏品"程阳八寨永济桥"通过该平台正式发行。

"一键游广西数字藏品平台"是以广西"十四五"期间重点建设的智慧旅游项目"一键游广西"为基础，依托"广西文旅区块链"的数据交互技术，打造区域型文旅产业数字化交易体系。该平台通过布局数字藏品、孪生技术、虚拟IP等新生领域，助推广西文旅产业信息化创新发展，助力广西旅游品牌打造，为文旅实体经济有效赋能。

"程阳八寨永济桥"数字藏品，是以国家重点文物保护单位三江侗族自治县程阳永济桥为模型，运用3D技术高度还原细节，以艺术再创的形式打造侗乡最美古建筑文化数字藏品。该数字藏品通过有限生成唯一标识码，每一座风雨桥都将是独一无二的，可用于欣赏、收藏、馈赠、商业、二次创作等，进一步提升了藏品价值，同时，通过挖掘和弘扬中华优秀传统文化，助力文化艺术的保护、传承与传播。

4.NFT数字藏品赋能文旅产业的意义

NFT数字藏品的出现不仅给文旅行业赋能加持，推动文旅产品数字化，创新营销手段，为未来打开了更大的想象空间，促进了新文化消费潮流的形成，为文旅产业在新冠疫情背景下找到了新的转机。

（1）数字藏品助力景区突破疫情困境，实现增收。

数字藏品是创作者基于一定的素材构思，进行文创的结晶，具有纪念意义和收藏价值，同时，利用区块链技术为其认证加密，具有正版的价值。因此，文旅数字藏品的收藏价值得到不断提升，助力景区、文博院馆等文旅 IP 不断进行新的商业探索，深度挖掘传统文化，并通过刺激消费者线上消费等方式实现多元化的创收。

（2）数字藏品玩法多样，为景区增加获客的可能性。

文旅运营主体通过持续推出不同主题的数字藏品，结合当地特色文化及特殊节日，将线上线下的内容相结合，持续活跃在消费者的视线中。利用数字文创赋能文旅行业新动能，推动景区高质量发展，实现文化高效能传播，为景区持续引流。

（3）数字藏品赋能文旅 IP 品牌建设，增强消费者认知度。

数字藏品作为一种文化创新载体，正在成为优质文化 IP 与数字技术结合的典型方式。数字藏品对于文旅 IP 而言，可通过文化内容的二次创作，让品牌 IP 走入更多人的视野，同时，有助于沉淀为品牌的长期资产。

（4）数据协同与沉淀：辅助景区优化增长。

通过数字藏品获得的合法且可溯源的用户行为信息具有独特的价值，在数字藏品发售和运营的整个过程中沉淀的用户信息、消费信息是独一无二的，经营方可以通过对游客的这些行为数据进行深度分析，建立目标用户的画像和进行结构梳理，从而助力经营决策的制定，有效提高在市场上同类竞品中的经营竞争力。

数字藏品已成为链接文博院馆、景区目的地、营销与文创产业的黏合剂，并为文旅产业创造了新风口，趁着这股东风，文旅产业的形态也将发生基于数

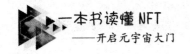
字化的多元化转变。对于文旅景区来说，利用数字藏品带来更多的曝光和关注度实现了更好的宣传效果，从而激发游客的线下出游意愿，形成"线上获客，线下消费"的有效循环。

发展线上数字化体验产品是文旅行业的一个重要方向，NFT 数字藏品作为区块链的一个重要应用，作为文旅业发展的新载体，将在赋能地方文旅领域起到不容忽视的重要作用。

NFT+ 房地产：改变地产行业的商业逻辑

NFT 房地产有两种：一种是实物，另一种是虚拟的。实物不动产的所有权可以通过代币化与 NFT 相关联。虚拟房地产通常是数字世界中的一块土地。游戏中的 NFT 虚拟房屋与实物房屋是完全不同的两个东西。

下面，我们来看一下不同类型的房地产 NFT 的商业逻辑。

我们先来简单了解一下虚拟房地产的运作方式。虚拟房地产是虚拟世界中的地块或建筑。它们的特殊属性可通过购买相关 NFT 换取数字资产通证而获得。而且，根据不同类型，这些属性也可能会带来具有货币价值的好处。

随着互联网的发展，人们在网上的驻留时间越来越多。对不少人来说，与网络社区中的人交流互动要比与现实世界中的人更容易。因为人们都有与他人交流的需求，所以，虚拟世界会持续存在并发展。

比如，现在人气比较旺的平台有 Minecraft、Roblox、The Sandbox、NFT Worlds 等，用户可以在这些虚拟世界里购买土地。

我们再重点介绍下 NFT+ 实物房地产的应用场景。

很多人会问："如何将实物资产与 NFT 关联起来呢？"因为我们知道，当你购买 NFT 时，你只是在区块链上获得了一项数字资产。在这里，需要把房地产通证化，有两种实现方式：整个资产通证化；部分所有权通证化。

部分所有权的通证化相对简单，类似于"众筹"。根据投资结构的不同，每个所有者可能持有一份或多份基础房地产，这些份额可以用 NFT 来表示。

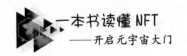
如果对整个资产进行通证化，相对会复杂一些。如今，大多数国家都是通过官方机构来构建和记录房地产所有权。也就是说，在如今的条件下，要将房地产通证化，首先要取得房产证，其次把房产证变成 NFT，而不是直接将房子变为 NFT。

除此之外，还有一种方法是可行的，即将房地产"包装"成一个法律实体，并创建一个代表该实体所有权的 NFT。2022 年 2 月，一栋美国的房子作为 NFT 首次成功售出。莱斯利·亚历山德拉以 65 万美元的价格卖掉了她在佛罗里达州的房子。在这个案例中，卖家将整个房子通证化，然后出售给买家。

要将一处实物房产转化为 NFT，需要做以下几件事。

首先，确保拥有对房产的所有权与处置权，同时，确保参与的公司或机构具备相应的法律资质。

其次，生产一个 NFT，包括所有关于该房产的描述信息，以及相关法律文书。一般来说，需上传一张照片和一个智能合约到 NFT 市场，将不动产变成一个可交易的 NFT。

再次，在交易市场挂牌后，等待买家投标。拍下的买家要么支付代币，要么支付法币。

另外，一旦资金被转移到卖家账户，NFT 就会被释放到买方的钱包中。接下来，需要做的就是填写最终的确定文件。

目前，这种方法在国内暂时行不通。但是，在国外已有了一些成功的案例。与传统的交易方式相比，这种方式可以降低交易的成本与时间。我们有理由相信，将会有越来越多的人将房子转化为 NFT 来出售。

房子是高价值的资产，人们之所以如此信任 NFT，主要是基于它的独特性与不可变更性。一旦它被放在区块链上，你就不能改变它。在你决定出售或转让它的所有权之前，只有你可以声称并证实它属于你。

　　也就是说，NFT 是可以证明你是该房产的唯一所有权人的可验证文件。它是独一无二的，你不能把它换成另一个 NFT。即使在成千上万个相似的房子里，你也仍然可以很容易地认出你的房子，并向所有人证明它是属于你的。

　　因此，不得不感叹，NFT 真的神通广大，无所不能。有朝一日，它可能会彻底改变如今的房地产行业的商业逻辑。当然，也有一种观点认为，NFT 不能与实物资产相挂钩。如果一定要建立关联或对实物资产进行通证化，必须要接受严格的监管。

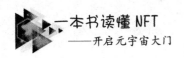

NFT+体育：助力体育行业转型升级

NFT与体育结合赋予体育产业巨大的商业潜力，通过多种途径推动该产业发展。体育NFT价值与被映射的体育资产原生价值保持高度一致，而且粉丝群体对体育NFT的共识也是影响其发展的重要因素。

过去，有不少人热衷于体育收藏，如收藏"落场版"球衣、球星同款球鞋、球星贴纸等，以此证明他们是"球迷"并"热爱"某个球星或某项运动。

随着数字领域的发展，数字体育收藏品逐渐占据市场，并成为各大俱乐部、球星们竞逐的领域。2019年7月，NBA成立合资企业，NBA球员协会和Dapper Labs共同创建了NBA Top Shot。这是一个基于Flow区块链打造的虚拟篮球交易卡，可以让人们将令人惊艳的比赛、难忘的精彩场面转化成能永远拥有的收藏品。

截止到2021年1月，NBA Top Shot共完成了五笔交易，总交易额20 000美元，此外，还以71 000美元的价格出售了一张特殊的勒布朗·詹姆斯球星卡。NFT+运动卡片是以巨大的球迷市场为依托形成的，在球星的影响下，粉丝收集NBA精彩时刻的热情高涨，这也让NFT+运动卡片市场变得异常火爆。

目前，NFT+体育应用场景越来越多，归纳起来，集中在三个方向：体育游戏、收藏品、粉丝经济。NFT+体育对球迷的价值主要体现在以下四个方面。

1. 收藏价值

相较于实物形式的体育收藏品，数字藏品让体育迷们获得的途径更加便捷，很多开拓 NFT 业务的公司都有自己的交易平台，粉丝们可以收集精彩时刻、数字签名，抑或大型体育赛事的数字门票。因为大部分 NFT 的数量是有限的，所以，收藏价值较高。

2. 商业价值

如同一些人会通过交易游戏皮肤获利一样，NFT 自然也存在二手市场，通过炒作，NFT 的商业价值只会更盛。比如，有人购买了一种 NFT 后，会将其印在 T 恤上进行售卖，有的公司会开发游戏，这都是可行的商业途径，也会产生很多价值。

3. 与俱乐部或球星建立关联

发行 NFT，在一定程度上会拉近球队与球迷之间的距离。体育 NFT 给体育迷们提供了体验比赛的新方式，通过购买与球星相关的 NFT 了解更多关于球星的相关信息，甚至还可以帮助球迷在任何情况下都能有参与感，并允许球员以更难忘的方式与粉丝进行互动。

4. 证明球迷身份

粉丝们或许会通过 NFT 来验证自己粉丝的身份。比如，你拥有一个球队的某个 NFT，那么，该球队可能会送给你一张主场门票，再者会赠送你一些有纪念意义的礼品等来回馈你的支持。

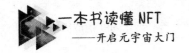

NFT 也会给球队带来巨大的价值。例如，英超俱乐部利物浦就曾推出一套数码收藏品，该藏品将 23 名球员化身为英雄人物，并以"英雄代币"为单位发售，代币限量 171 072 个，每个 75 美元。俱乐部从中获得了约 1 300 万美元的收益。

对于一些体育品牌和运动团队来说，NFT 也为它们打开了机遇之门。比如，美国国家橄榄球联盟与一家 NFT 相关公司合作，以 NFT 形式发布虚拟集锦，包含 GIF 或视频，而非静态照片。有些 NFT 相关公司与知名足球俱乐部合作，生产足球运动员数字卡。除了体育收藏品之外，其中的一些 NFT 有望在未来用于科幻游戏中，这为收藏家提供了更深层的实用性。有些体育公司也一直在研究元宇宙和 NFT 项目的可能用途。例如，耐克公司一直计划通过元宇宙发布数字鞋品，让消费者可以收集并拥有不同的数字鞋品。

体育纪念品市场是一个潜力巨大的市场。在利益的驱动下，伪造纪念品的现象屡见不鲜。如果纪念品的信息被记录在 NFT 上，那么，每个纪念品都可以得到一个唯一的身份，这样一来，就可以有效杜绝造假。当然，NFT 除了密切跟踪纪念品的交易历史外，还能够记录一些对纪念品本身价值有影响的重大事件。

总之，NFT 与体育的结合，不仅能给体育产业带来活力，而且还可以从根本上改变体育产业基于个人信任和制度信任的生态系统，重塑产业价值体系，为体育产业重新赋能。

NFT+ 社交：创造去中心化的价值网络

很长一段时间以来，社交媒体都是区块链技术试图突破的难关之一。一方面是在传统的社交媒体中，用户的发言、内容方面均被中心化平台所监视，隐私无法得到真正保护；另一方面，当用户将自己的创作发布在传统的社交平台上之后，往往会饱受"盗版"的困扰，使得创作者的创作收益大打折扣。

因此，人们都期望社交平台的去中心化，但是，因为用户习惯以及缺少利益驱动等原因，区块链＋社交媒体应用始终难成气候，而当 NFT 和社交结合后，使得去中心化社交变得无限可能。

社交 NFT 是创作者和粉丝联系的新方式。一个拥有大量受众的社交媒体影响者可能决定将他们的内容变成 NFT。将他们现有的作品不断地货币化：任何内容都可以做成 NFT 出售，每次有人重新出售他们的 NFT 时，创作者都能从中赚取版税。

例如，一个有 IP 或自带流量的人可以选择将他们的短视频变成 NFT。目前的众多短视频应用已经印证了视频具有病毒般的传播能力，同时，也说明了市场需求巨大，而一旦视频变成 NFT，该资产的价值就会倍增。

现在，以传统的方式做区块链，即只注重"内容"是没有前景的。内容的本质是价值输出，只有当内容被代币化存于区块链上时，这种价值才会得以完全展现。去中心化社交，真正具有颠覆性的思想是应该创建"价值网络"。

未来，NFT 将为虚拟世界创造一种新的应用场景。在这个新的应用场景

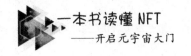

中，将会重塑社交的价值。这种价值主要体现在三个方面。

1. 提升群体认同感

在虚拟世界中，每个人都需要别人的身份认同。从某种意义上说，正是因为在虚拟世界中可以获得来自他人更好的身份认同感，才让更多人迷恋上了网络。

2022 年，周杰伦合作的潮牌 PHANTACi 推出 NFT 项目"幻象熊"，很快就被抢购一空。"幻象熊"作为一种数字符号，其意义在于能够帮助个体完成虚拟世界中的"自我呈现"与"身份建构"。粉丝在得到"幻象熊"后，选择在社交媒体上发布，又或者在粉丝圈内传播，以满足自身在"圈子"内的"被认同感"。就像一些球迷会抢着购买自己喜欢的球员的限量版球衣一样，他在意的往往不是球衣本身的价值，而是因为拥有了这件球衣，自己获得的被群体认同的感觉。

另外，NFT 会强化群体的共同体意识。"幻象熊"在很大程度上塑造了粉丝的"类属化"，类属化的形成也加强了粉丝的凝聚力和认同感。

2. 加强自我扮演

在虚拟世界中，个体利用 NFT 完成自我表演。比如，英国奢侈品牌 Burberry 与游戏平台 Mythical Games 合作推出的 Blankos Block Party 系列 NFT 产品。游戏玩家可以购买 NFT 服饰及 NFT 鞋子，来装扮自己在虚拟世界中的形象。NFT 虚拟服饰标志着个体表演从物质商品的展现转向数字物品的扮演。

与此同时，NFT 作为一种新型数字化叙事工具，有助于展现个体的一些个性化特征，从而营造一种庞大的数字景观。

3.社交模式多元化

在元宇宙时代，NFT 凭借区块链技术、虚拟现实技术、传感器技术等技术，为个体提供了一种新型的社交模式。个体选择用 NFT 作为头像，以及将 NFT 作为身份的标识等行为，其实也是一种情绪表达。特别是 NFT 社区的建立，让个体之间的来往更紧密。可以说，NFT 的火爆离不开社区的推动。例如，2022 年 5 月，阿里的鲸探正式上线社区功能，登录社区后，用户可以通过"晒藏品""评论留言"等方式来实现虚拟社交。

总之，NFT 越来越像是一种架构于其他网络和社区之上的新型社交网络。未来，NFT 将会结合 VR/AR 等技术，实现元宇宙中的"具身传播"，个体社交分享也将实现从"现实生活"向"虚拟生活"转变。

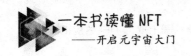

NFT+ 汽车：绝不是玩个噱头那么简单

虽然很多有关 NFT 的大事、趣事都发生在艺术圈和潮流圈。但是，作为面向未来的一个传统产业，也迫不及待地想要拥抱 NFT，试图"碰撞"出一些创新的火花。这着实让很多人看不懂：汽车业是实体经济，创新要靠研发，NFT 真的能给这个行业赋能吗？

不久前，国内两家汽车龙头相继发行了 NFT 相关藏品。2022 年 6 月 10 日，比亚迪汉 EV 千山翠限量版的用户陆续收到短信：可以兑换比亚迪 NFT 数字画作，成为"限定藏家"。2022 年 6 月 24 日，吉利汽车在"金交会"期间拟发放超 200 张"中国星数字人民币消费券"，在未来某一天发布 NFT"数字汽车"藏品。

对此，有人吐槽说，车企不好好造车，偏要跑来玩 NFT，这是借 NFT 的热度在炒作！也有人认为这是车企的一种营销噱头。还有人质疑：既然 NFT 与元宇宙无法直接用于造车，那为什么现在就有车企急不可耐地跟进这些新概念？

因为 NFT 具有 IP 属性和社交属性，这是车企比较看重的。数字时代，营销方式也要随之做出变化。圈子效应之下，延续过去的营销方式已经无法打动当下的消费者，想要破圈，就要进入年轻群体的世界。所以说，NFT+ 汽车是一种全新的营销模式，与此同时，它还能延伸并增加产业链的价值。

比如，2021 年 5 月，在电影《速度与激情 7》中的摩天大楼之间穿梭的明星超跑 Lykan HyperSport 被拍卖，成了汽车行业上第一个有实物支持的 NFT 商品。

2012 年，在黎巴嫩成立的阿联酋跑车公司（W Motors）生产了 10 辆超级跑车，作为拍摄电影《速度与激情 7》的特技表演车，在电影拍摄过程中，有 9 辆车被毁坏，这辆 Lykan HyperSport 是唯一"幸存"下来的车辆。此次竞拍的赢家除了拥有这套数字资产，还可以获得一辆真实的 Lykan HyperSport 特技车。

可以说，这是该公司以更加有趣的方式进入年轻群体的一种全新尝试。特别是近几年持续的新冠疫情，引发了不少车企的销售危机，他们苦于寻找新的可以增加营收的渠道，而恰逢元宇宙与 NFT 是当下人们热议的话题。于是，车企顺理成章地来蹭这个热点。

于是，我们看到越来越多的车企正在跑步进入 NFT 领域。2021 年 3 月，巴雷特—杰克逊拍卖行拍卖了 4 个汽车 NFT；著名的汽车定制和加工店 West Coast Customs 在 2021 年 4 月宣布推出其 CarCoin 项目，提供 NFT 汽车相关艺术的分层会员计划；2021 年 6 月，跑车制造商迈凯伦宣布其目标是将其 F1 赛车的虚拟版本铸造成 NFT；意大利高端汽车品牌兰博基尼于 2022 年 1 月发布了首个 NFT。

在汽车 NFT 热潮席卷海外市场的时候，中国车企也开始尝试拥抱 NFT，于是，一些新概念和新项目层出不穷。

2022 年 1 月 23 日，荣威汽车官方宣布了首幅 NFT 数字艺术藏品《荣威元宇宙》在上海国拍行拍卖成功，由"80 后"艺术家叶圣琴以 100 万元高价拍得，这次拍卖可以称得上是中国汽车行业的 NFT 首拍。

长安欧尚汽车和腾讯幻核联合推出的具有很高收藏价值的数字藏品，于 2022 年 1 月 29 日零点在腾讯生态正式上线，面向所有群体抽取，全球限量 666 枚。

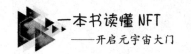

小鹏汽车推出了自己的 NFT 商品——小鹏 P7 NFT 天猫数字藏品，该藏品将作为小鹏 P7 第 10 万辆整车下线纪念活动的一部分，面向广大用户推出，全球限量 10 万份。

此外，还有一些车企申请了多个与元宇宙相关的商标，纷纷开始布局自己的元宇宙。

可以说，几乎全球的汽车制造商都在思考：如何将 NFT 和汽车有效地联系在一起？随着车企逐渐拉开数字化的帷幕，越来越多的企业透过 NFT 这个窗口看到了更大范围的元宇宙。

第八章
NFT的风险防范

在我国，很多有关 NFT 的规则尚处在空白或是摸索建立阶段。规则与标准的缺失或模糊，使 NFT 的真实价值与市场表现不完全相吻合，诸如炒作、资金盘、洗钱等问题时有发生，这使得正在成形的市场遭受到了一定程度的冲击甚至是破坏。因此，在完善政策法规的同时，各方均需做好相关的风险防范工作。

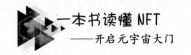
金融风险：防止 NFT 成为投机工具

众所周知，NFT 本身具有多重价值属性，与现实中或虚拟的艺术品、音乐、食品等绑定的 NFT，基于其专有性，本身主要是作为一种普通虚拟商品而存在。然而，限量发行的 NFT 产品具有稀缺性，当其被承担投融资工具、权益凭证等功能时，有可能演化为金融产品，成为投机获利、资金融通的载体。

加之 NFT 具有去中介化、匿名性，以及交易快捷、全球流动性强等特征，因此，导致了 NFT 产品容易被过度炒作，并有可能引发金融风险。

为了去除 NFT 的金融属性，在 2021 年 10 月，国内各大 NFT 发行平台对产品进行改名。自此，NFT 正式以数字藏品的身份进入中国市场。

2022 年 4 月 13 日，中国互联网金融协会、中国银行业协会、中国证券业协会联合发布了《关于防范 NFT 相关金融风险的倡议》，旨在防范金融风险、保护消费者合法权益及维护行业健康生态。

该《倡议》肯定了"NFT 作为一项区块链技术创新应用，在丰富数字经济模式、促进文创产业发展等方面显现出一定的潜在价值"，同时，强调要做好相关的金融风险防范工作。具体来说，有以下五个防范要点。

（1）不许在 NFT 底层商品中包含证券、保险、信贷、贵金属等金融资产，即不许变相发行交易金融产品。比如，将权益拆分、批量创设或者是变相发行、交易金融产品和证券，以及变相违规设立交易场所等行为，都很可能会被定性为开展非法金融活动，并承担民事责任甚至刑事法律责任。

（2）不许通过分割所有权或者批量创设等方式削弱 NFT 非同质化特征，即不许变相开展代币发行融资。这并不是说，禁止数字藏品平台批量或分割售出数字藏品，而是不能以此类方式变相地开展代币发行融资活动。

（3）不提供集中交易、持续挂牌交易、标准化合约交易等服务。目前，由于部分数字藏品平台开放了用户间交易功能，致使数字藏品市场快速升温。与之相应的，就是数字藏品被炒作到了更高的价格，但是，这却完全不符合数字藏品本身应当作为艺术藏品的价值。特别是随着越来越多的新平台涌入市场，开放用户间交易的平台也逐渐变多，由此势必会产生极大的风险，会带来极大的炒作泡沫。

（4）禁止使用虚拟货币、代币结算。早在 2021 年 9 月，央行等 10 部门发布了《关于进一步防范和处置虚拟货币交易炒作风险的通知》，明确虚拟货币不具有与法定货币等同的法律地位，不应且不能作为货币在市场上流通使用。参与虚拟货币投资交易活动存在法律风险。

（5）做好用户身份信息及交易信息的认证与保存。区块链技术中的匿名性与不可追踪性并不适用于我国境内的数字藏品交易。因此，数字藏品平台应当做好实名认证工作。

自 2021 年火爆出圈后，NFT 就受到了广泛的关注和讨论，整个市场经过几年时间的发展，已经从最初的野蛮生长进入更加成熟、系统的新阶段。但是，国内 NFT 技术创新不足且 NFT 市场主要集中于数字藏品方面，加之参与者众多，NFT 项目单一，由此极易出现 NFT 金融化、证券化倾向。为了规避由此带来的金融风险，需合规经营，并做好相关的防范工作。

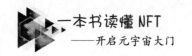
技术风险：确保区块链与智能合约的安全性

众所周知，区块链之所以火爆并在金融领域有一定的应用价值，就是因为它的安全性。但是，这并不意味着每个人的 NFT 等数字资产不会被盗。NFT 这样的数字资产存放在链上，如果在操作上不出现失误，那么，它就是安全的。如果用户没有管好钱包私钥，或是将私钥及对应的助记词信息泄露出去，抑或给欺诈者设置的智能合约进行了授权，那么，拿到私钥的欺诈者就有机会盗取其钱包中的 NFT。这是一种较为常见的操作风险。

与之相比，危害性更大、隐蔽性更强的是技术风险。NFT 的背后是智能合约，其中所有的操作都是由一串串的代码执行的，假如这些代码不完善，便会让欺诈者有机可乘，对 NFT 项目发起攻击。

可以说，技术安全主要涉及三个方面的问题：一是链自身的安全性；二是链上合约的安全性；三是业务系统的安全性。

1. 链的安全性

对于链的安全性，应该尽可能使用比较成熟的链。提到链，不得不说一个关键词，即"开源"。对链来说，开源是非常重要的。如果将区块链比作一种公共系统，那么，对于这种参与人数众多的公共系统而言，开源可以提升其安全性。为什么？因为开源意味着有足够多的人来一起发现系统中的漏洞。

相对而言，如果后台系统由一家公司或是一个机构管理，其代码维护团队通常只有几十人或上百人，即便是一家大型跨国企业，相应的团队至多也就几百人，不论是从人力还是经验角度来看，都不可与开源相提并论。

这就像一个 APP，如果只有几个人或几十人使用，可能谁也不会发现有什么问题，大家也不会担心出现漏洞、补丁之类的问题。如果是几万甚至上百万人在使用，即便是有一个小漏洞，也会立刻暴露出来，甚至会引发黑客的攻击。

因此，对于一条开源的链来说，经过三年左右的使用之后，通常再出现大问题的概率会较低。

2. 合约的安全性

要保证合约的安全性，首先也应该尽量开源，这与保持链的安全性是一样的。从某种意义上说，合约更需要开源。由于合约带有业务属性，更为复杂，比如，要不要进行验证身份，验证之后怎样锁定属性，锁定之后如何传递到下一个流程，因为在整个业务流程中，哪怕是一个极为细微的漏洞，都有可能会带来安全问题。

曾经，币圈发生了一些造成数亿美元损失的重大安全事件，其底层逻辑都是一样的，因合约被攻破。因此，合约更需要进行深度、广泛的反复验证和探讨，以便于发现可以查找漏洞的方法以及可能会被劫持的后门。

这里有一个建议，如果合约非常重要且涉及的资产数量较大，那么，就可以委托专业机构审计，因为审计本身也可以承担一部分责任，来保证合约的安全。

就目前来说，NFT 技术的进步速度不及预期。它强调作品的唯一性和真实性，如果防伪技术未能有效做出迭代升级，致使未经授权产品在链上发布，那

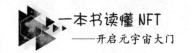

么，平台或创作者就难以进行追溯认证，这样一来，就会从根本上影响人们对 NFT 的信任。

3.业务系统的安全性

这里的业务系统，主要指区块链服务网络。业务系统的安全性，针对的是数字资产和数字商品。作为一个公共系统，区块链具有很多优势，其中之一就是，可以实现个人对数据所有权的控制。

平时，我们经常在一些网站购物或是玩游戏，客观来说，存储在后台系统中的那些数据并不属于我们，后台系统所属的公司或平台可以不经过用户的同意，随意处理那些数据，甚至涉及面部、指纹等。

而区块链服务网络可以提供一种技术手段，即通过加密算法形成的公私钥对，让用户自己来控制一部分数据，包括个人隐私数据、资产数据或是商品数据等。如果没有用户的私钥签名，任何后台系统、平台或公司都无法接触到个人数据，这也从技术上保证了用户的数据安全性。

目前，国内大部分的数字藏品平台都是基于这些联盟链开发的。比如，百度、腾讯、阿里都有属于自己的联盟链。联盟链是指多个机构或组织参与管理的区块链，每个机构或组织运行一个或多个节点，其中的数据只允许系统内不同机构读取和发送交易，并共同记录交易数据。联盟链虽然速度快，但是其与公链相比较而言，并不是完全去中心化的。理论上，联盟成员可以共同修改链上数据。

2022 年 5 月 20 日，中国信通院正式发布"星火·链网"，作为国家级区块链基础设施。"星火·链网"坚持构建去中心化的、可信任的、面向全球的"数字底座"，将推动数据共享、交换、可信流转，使数据真正成为"资产"。

洗钱风险：防范将"黑钱"转化为"白钱"

如今，随着 NFT 及各类数字藏品交易的愈加火热，一些寻求洗钱的不法分子开始将注意力转向了 NFT。

举个例子。

如果 A 现在手里有 1 亿元赃款，想通过 NFT 艺术品洗成合法收入。他通常会怎么操作？他会时不时地收藏艺术品，如经常出席艺术品拍卖会，并购买一些普通的艺术品，这样一来，他就可以"打入"这个圈子，并且拥有一定的人设。

某一天，他在市场上拍得了一幅名家的作品。过了一段时间之后，他将该作品送至国际知名拍卖行进行公开拍卖。这时，会有一些"神秘"买家争相竞价，最后，有人花数千万美元把它买走。

这样，A 手里的赃款就洗白了。整个过程看不出什么破绽：看不出他与"神秘人"之间有什么关系；他可以依法纳税；他可以接受各类监管机构的监管……

如果将传统的艺术品换作 NFT，可以进行同样的操作，而且，因拍卖环节的消失、用加密货币来结算、NFT 具有的特性等，会使整个洗钱过程变得更加方便、快捷。与此同时，NFT 自身的一些特性也为成功洗钱提供了空间与便利性。

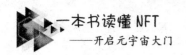

1. 可匿名参与

在国外的一些平台，买卖双方可匿名参与 NFT 交易。即拍卖的参与者显示为一个匿名的公钥地址，交易双方只要确认 NFT 的真实性，就能完成交易并交割，转让无须背书。这为洗钱提供了便利条件。

在通常的艺术品交易中，版权局等中心化机构的账本清楚地记录了交易双方的身份，所以对交易双方有所了解。但是，在 NFT 交易中，虽然彼此能看见 NFT 从一个公钥地址迁移到了另一个公钥地址，但是，却无法知道公钥背后的人是谁。

在国内，买卖数字藏品时，整个交易过程都要求实名制，从而杜绝了这种洗钱风险。

2. 没有中间商

NFT 类数字艺术品可以在没有中间商的情况下进行点对点交易，这些交易有可能不会被记录在公链上。也就是说，交易过程无须第三方受信任机构协助，只要完成清算和交收，交易过程即结束。

3. 买卖更为便捷

在多数情况下，交易方不用运输并履行相应手续、支付相应费用，交易过程简单、便捷。比如，D 创作了一个数字艺术品，同时创建了一个 NFT 形态的证明书来确权，并放在自己的数字钱包匿名账户中。之后，D 用以黑钱账户中的数字货币来购买自己的作品及其 NFT，这样他的黑钱便可洗成白钱。这即是洗钱犯罪中常见的对敲交易。

4. 监管容易缺位

由于 NFT 是一个新生事物，发展的速度快，嫁接的场景较多，特别是在虚拟货币的加持下，监管容易缺位，尤其是对一些虚拟资产拍卖平台的监管不到位，这些平台为 NFT 洗钱提供了便利条件。另外，由于 NFT 等数字艺术品具有转移的便捷性，无须通过海关、运输公司等环节就能即时交易成功，无论是事前的审查、查验，还是犯罪事实发生后的追查、追赃等都会变得更加困难。

针对 NFT 交易因涉及虚拟货币带来的洗钱风险，2021 年 9 月，央行发布了《关于进一步防范和处置虚拟货币交易炒作风险的通知》。"通知"表示"虚拟货币相关业务活动属于非法金融活动""参与虚拟货币投资交易活动存在法律风险"。与此同时，公安部门深入开展"打击洗钱犯罪专项行动""断卡行动"，依法严厉打击利用虚拟货币实施的洗钱、赌博等犯罪活动和以虚拟货币为噱头的非法集资、传销等犯罪活动。

不可否认的是，元宇宙和 NFT 本身是好的，是技术和时代趋势的产物，但是，它也有可能被不法分子利用，成为赚快钱，甚至是洗黑钱的犯罪工具。因此，我们应该擦亮双眼，对借元宇宙和 NFT 非法集资和洗钱的行为保持高度警惕。

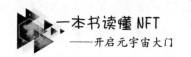

欺诈风险：当心 NFT 背后的资本骗局

"防范网络诈骗"是一个老生常谈的话题。如今，随着各类数字藏品平台的迅速增加，打着 NFT 的幌子，变换着花样进行欺诈的违法犯罪活动也是越来越多，让人防不胜防。尤其是一些小平台或是经常搞恶性炒作、虚假宣传的平台，我们要敬而远之。

在利用 NFT 项目进行网络诈骗的例子中，较常见的一种就是，借着 NFT 的热度，大搞各种噱头，然后薅一把羊毛就"跑路"。

比如，有的平台仓促上线，即便存在明显的安全漏洞也视而不见，目的只有一个，就是骗。利用空投、做市、炒作等手段吸引用户投钱，然后立即卷钱走人。另外，还有一些平台会打着"×××NFT 项目低投入、高回报"的幌子，进行传销或非法集资活动。

这样的例子，在现实中并不鲜见。

刘先生平时喜欢搞艺术品收藏。一次，他在某平台上花 5 000 元钱买了一款数字藏品，结果收到的图片上面没有任何的交易标识与作品标识。这时，系统已自动确认收货。于是，他联系平台反映情况，得到的却是系统的自动回复：由于数字藏品的特殊性质，作品一经售出，平台概不承担责任。而且，刘先生也联系不上卖家。后来，他把问题反映到了相关监管部门，这时才发现上当受骗的不止他一人。

相关部门查封了该平台，但是钱款已被卷跑，买家被坑，创作者大多也没有拿到出售作品的钱。可以肯定的是，该平台出售的数字藏品没有任何交易标识和作品标识，不符合正规数字藏品的外观，不属于真正意义上的数字藏品。

根据电子商务法规定，当消费者与平台内经营者发生争议时，平台有义务协助消费者维护合法权益。根据消费者权益保护法规定，消费者通过网络交易平台购买商品或者接受服务，其合法权益受到损害的，可以向销售者或者服务者要求赔偿。此外，平台由于未尽到资格审核义务或被市场监管部门处以行政处罚。

无论是买家也好，还是创作者也罢，在进行数字藏品交易时，一定要防范其中的骗局。在数字藏品领域，常见的骗局有如下五种。

1. 炒作骗局

当看到某个平台在大力宣传某个 NFT 项目，而且用词夸张，回报率高得远超人们的预期时，我们就要小心了，它可能是一个"坑"。试想，如果一个项目真的好，自然会吸引懂行的人而无须卖力推广，至于不懂行的，你就算是说破嗓子，他还是不懂。可见，一个懂行的人不屑一顾的项目，平台却在大力吹捧，目的其实很明确：就是恶意炒作，让不懂的人上钩。

为了避免陷入坑中，当看到营销做得很疯狂的 NFT 项目时，可以先进入该项目的社交媒体账号，从中辨别真假，如果有大量的粉丝，但大家的参与度很低，这就是一个危险信号。

2. 虚假网站

现在做一个网站的成本较低，很多骗子会通过建立所谓的官网招摇撞骗。有时，他们也会伪造真实网站，通过假冒项目方来实施诈骗。诈骗的方式可谓

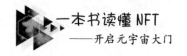

五花八门，但是，最后的要求都一样：让用户提供钱包凭证。

对于大多数人来说，如果不细究网址，是很难看出这类网站的破绽的。因此，在进入数字藏品平台进行交易时，要有足够的安全意识，不要在认证过的钱包软件或插件以外的任何地方提供钱包私钥或助记词。

如果你确实对投资数字藏品感兴趣，一定要到正规的平台购买。那么，怎么知道一个平台是否正规呢？比如，你搜索某平台的时候，会出现很多相关的结果，其中有些可能是山寨的或是假的 NFT 交易网站。这时，你要到工信部备案管理系统去核验其网址信息与网站 ICP 备案信息。根据工信部备案要求，网站备案成功后要在网站页面下方添加 ICP 备案号，并且，该备案号要求链接跳转到信息产业部备案管理系统网址。

如果进入假的网站，那么，你输入的资料都会被记录下来，并且有可能要求你提供电子钱包的助记词（钱包的主密钥），并用你提供的信息入侵你的电子钱包，窃取你所有的资产。

3. 替换交易代币

举个例子，你是创作者，有一幅作品要在某平台拍卖，默认是以美元计价，但是，在拍卖过程中，出价的是日元，那么，此时的你有可能就被套路了。也就是说，在出售 NFT 时，尤其是在一些非头部或新的 NFT 交易平台操作时，一定要注意支付货币的选择。有些交易平台不够完善，采用拍卖方式出售 NFT 时，参与拍卖的人可能会利用拍卖人的大意或者是平台的漏洞，使用低价值的加密货币购买 NFT，从而给发起拍卖方带来潜在的损失。为了避免这类风险，我们要尽量选择头部 NFT 交易平台进行交易，并在出售前设定好交易币种。

在国内，只允许采用人民币或数字人民币进行交易，所以，通常不存在这种情况。

4. 虚假 NFT 空投

因为不花钱就可以得到一些 NFT，所以，空投很受一些用户的青睐。抓住用户的这种心理，骗子会利用虚假 NFT 空投来实施诈骗活动。

方法很简单：先是向大量钱包地址空投 NFT，然后，通过左手倒右手的方式拉高 NFT 的价格，当用户发现自己的钱包中多了一些不明来历的 NFT 且具有相当的价值，便会去验证它们的真伪——如果是真的，可能会选择马上变现。

如此，便落入了诈骗者的圈套。在用户出售 NFT 时，会进行钱包授权交互等操作，在这个过程中，诈骗者就要获取用户的钱包凭证，一旦获取成功，就会转移高价值的 NFT 等资产，让用户蒙受损失。

为了防范这类骗局，关键要注意一点，就是不要随意对没有验证的 NFT 进行钱包授权。如果要授权，在确认之前，须仔细核对授权内容和权限。

5. 冒充官方客服

这是一种很常见的骗局。常见的行骗方式是通过微信、QQ、短信、推特、邮件等发送钓鱼链接，诱骗用户上当。因此，在收到一些不明来历的消息，或是链接时，不要急着去点击查看，一定要多渠道验证此类信息的真假。

比如，当你遇上技术问题并在微信上寻求帮助时，会出现自称来自某某某交易平台的"客服"来为你提供服务。"客服"可能会要求你分享屏幕等让你在无意间泄露电子钱包的凭证。这时，他们可能会截图你的助记词或连接它

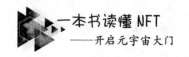

的二维码。诈骗者也可能将你引导到看似官方网站的网页，要求你输入详细的个人信息。

"客服"通过电子邮件诈骗的过程通常是这样的：诈骗者会发送关于你NFT收藏的假安全警报，并附带一个钓鱼链接，同时，要求你点击这个链接之后，进入相关网站或是页面填写一些信息等。

也有一些"客服"会推送一些"奖励活动"，即冒充知名 NFT 交易平台的人员，透过社群媒体联系一些用户，声称他们正在举办一个奖励活动。只要用户转发奖励内容，并在相关网站注册，就会得到免费的 NFT。听起来是不是很诱人？的确，很多人经不住诱惑，在注册后，当他尝试连接钱包时，却发现自己的信息已被盗。

当然，还有一种诈骗方式，就是抽地毯骗局，即 NFT 项目开发商通过营销推广，让投资者大量买入后，再借口放弃该项目，并直接卷款潜逃。这样一来，拥有者便无法卖出 NFT，导致其价格在短时间内暴跌。在这类骗局中，唯一获利的是 NFT 创造者。

我国相关的法律明确规定，数字藏品如被利用在以"数字货币"或"数字资产"的名义，采取传销形式扩散、圈钱，承诺收益、回报、回购等手段对用户进行宣传、引导的非法集资活动中，将可能需要承担相应的民事甚至是刑事责任。因此，在进行 NFT 项目的投资时，一定要防范相关的风险。

发行风险：合规运作，保障用户权益

我国对发行 NFT 产品有严格的监管，即 NFT 产品不能具有金融成分，不能将它变成一个金融工具。如果一家公司发行了 NFT 的产品，并承诺"可以回收，并按照一定比例支付利息""给一定数额的投资回报"，那么，基本上可以断定这个产品就是一个集资工具。再如，有的人购买了一家公司的 NFT 产品后，可以按照一定比例享受该公司的收益或者分红，那么，这个产品其实就类似于证券市场上的股票发行。如果没有相关资质，却变相发行金融产品，则有可能涉嫌非法集资。

为了杜绝这类风险，在发行 NFT 产品时，一定要注意以下四个方面。

1.NFT 产品要有真实的使用价值

对多数的 NFT 艺术品来说，都有一定的使用价值，这种价值主要体现在其艺术性与美学方面。从国内发行的 NFT 产品来看，大多数是依赖于线下已经有一定价值或知名度的 IP 资源。当然，也有一种观点认为，原生性的数字作品才是 NFT 产品的内在属性，才更能天然地找到其应用场景。

2.NFT 产品要有真实的使用场景

在具体的 NFT 产品发行中，要把艺术作品与该作品的使用场景适当区分开来。如果只是将 NFT 产品看作是艺术作品来发行的话，那么，NFT 产品只

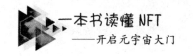
会是一个小众市场，而且，它有时候并不具备商业价值。

所以，NFT 产品应该拥有更大的使用场景。当有了一个很好的艺术作品后，要考虑其具体的使用场景是什么？如果仍然是艺术作品，那么，应当把它挂在博物馆还是展示在家里的客厅？如果是标志性的小动物，是不是可以作为桌面、头像、文章插图、视频封面或 PPT 示例？等等。

3.NFT 产品要有真实的市场需求

除了具体的使用场景以外，还要考虑是否有真实的市场需求，而且，这种市场需求的规模能否支持起一个商业闭环？换句话说，这种市场需求不是零散的，是有一定规模的，只有持续不断地产生价值的市场需求，才是一个健康的 NFT 产品市场。如此一来，才能够足以支撑起商业化的团队为其提供专业的服务，也才能够让更多的用户参与其中，从而形成错落有致的、各取所需的健康而丰富多彩的市场。

4.NFT 产品发行、流通要杜绝欺诈

在 NFT 产品发行和交易中，应尽量做到信息披露公平公正、公开透明，切实保障用户和消费者的合法权益。发行方和平台除了不可以参与价格操纵等环节以外，还应采取相应的措施来监控、预警，并能够及时地处置一些投机、不法行为。

例如，有些 NFT 产品发行方或交易方会做出"自买自卖"的行为，制造虚假交易，以此抬高资产价格。从技术上说，只要一个人拥有两个数字钱包，就能够执行这种欺诈性交易策略。通过把自己的两个钱包分别充当卖方和买方，将 NFT 产品在自己拥有的两个钱包之间转移，并在区块链上得到确认。

买家若是想要知道某个 NFT 之前是否有虚假交易，只有一个方法，那就是挖掘、对比和分析区块链交易数据。即便是对于专业人员来说，这也是一项困难的工作，而且还需要掌握足够的信息才能完成。

如今，NFT 产品的数字化、网络化、智能化水平将不断提高，但是，很多 NFT 市场平台还没有建立实时监测、核实这种虚假交易机制，包括加强对账户、钱包地址、交易方式等的管理，这就使得一些虚假交易者难以得到相应的制裁。

除了上述四种发行风险外，还存在一种风险，即盗版风险。也就是部分 NFT 发行平台将现有的一些艺术作品进行数字化，并且再铸成 NFT 的形式。这样一来，NFT 所指向的数字对象很有可能是盗版内容，例如，有人将艺术家的艺术创作进行 NFT 化，然后将这个 NFT 作品出售给拍卖网站，以从中牟利。

在具体的运营中要规避上述发行风险，只有不断提升 NFT 产品的创新水平，提升 NFT 产品满足市场需求的能力，才能在行业竞争中占据更有利的地位，才能有效保障用户的合法权益，维护良好健康可持续的市场秩序。

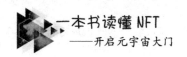

炒作风险：莫让 NFT 成为"智商税"

随着科技的不断向前发展，人们的生活也随之变得越来越数字化，可以说，许多独特的数字"资产"都可以被打上 NFT 标签，比如游戏币、游戏道具或是一些数字收藏品等。这也让很多人产生了一个错觉：只要一个资产被打上 NFT 的印记就可以实现价值倍增，或者说，在很短的时间内，这个被打上 NFT 印记的资产便可以获得较高的估值。尤其是一些 NFT 艺术品屡屡拍出超乎人们想象的价格后，更是极大地刺激了人们想去"搏一把"的心理。

或许，这些拥有炒作心理的人并不清楚：大多数 NFT 藏品本身并不能够产生现金流。也就是说，如果把 NFT 藏品比作股票的话，那么，大多数的 NFT 在估值上接近"零股息成长股"，投资者的盈利完全依赖于交易。你说这件 NFT 藏品值 10 万元，我说只值 10 元，那么，它究竟值多少钱呢？这要看最终的成交结果。在此之前，它不能产生现金流，只是一个票证而已。

如果一个市场存在大量的这种高价的"票证"，而且几乎没有什么成交记录，那么，只能说明一个问题：该市场已积聚了相当大的炒作风险。这个时候，谁入局，谁就有可能成为最后的"接盘侠"，最终结果就是被深度套牢。

NFT 市场之所以会被炒作，是因为在较长的一段时间以来，它的热度不减，这种现象给了一些资本、机构，以及投机者想象的空间。他们通过炒高市场价格，让新入场者"接盘"来获利。

在国外一些市场，主要使用虚拟货币交易，流转没有限制。一些投机分子则利用即将推广的 NFT 产品牟利，通过"天价"拍卖或与"内部人士"多方对敲、炒高价格，部分 NFT 交易平台为赚取高额手续费，利用社交媒体炒作，诱导用户持续交易，最终演变成"割韭菜"的骗局。不幸的是，不少买家因此中招。比如，有的购买者购买了数十万美元的 NFT 后，想以数百万美元的价格再卖出去，结果无人问津，即便报价只有几千美元，询价者还是寥寥无几。

当前，国内 NFT 生态圈中大大小小的平台都是各自为营的状态，一些互联网头部企业也参与其中。这些国内 NFT 交易平台基本使用人民币交易且对 NFT 二次流通有一定的限制，这就压缩了炒作空间。

即便如此，我们还是要谨防炒作风险。在 NFT 市场中，常见的炒作行为主要有以下三种。

1. 炒作热度

要想让 NFT 保值，就得维持 NFT 项目的热度。于是，一些 NFT 项目开发者、参与者等利益相关人员会持续不断地进行宣传炒作，并使用清洗交易等手段来维持 NFT 项目的虚假繁荣。同时，初创 NFT 项目除了利用空投、传统平台宣发外，清洗交易也是常被用到的手段。

比如，他们可能强调稀缺性，"采用半随机的方式生成了总计×××个 NFT，每一个都独一无二"，其潜在的逻辑是：稀缺性能带来价值。有的可能强调 IP，如某某 IP 可以带来什么，拥有彰显该 IP 的某个 NFT 产品，会从心理与精神层面得到什么，等等。

随着一些 NFT 产品价格被不断炒高，必然会产生"泡沫"，一旦监管收严或者概念过时等不利因素出现，很多人将成为这场资本狂热的"接盘侠"和受

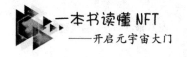

害者。

如果数字藏品的交易平台在经营中炒作商品，则涉嫌违反《价格法》相关规定：经营者如存在相互串通，操纵市场价格，损害其他经营者或者消费者的合法权益；捏造、散布涨价信息，哄抬价格，推动商品价格过高上涨等。这些行为有可能构成非法经营罪。

2. 击鼓传花

数字藏品如被利用作为炒作工具，脱离其本身合理价值，将可能成为"击鼓传花"的游戏。

目前，市场上的 NFT 平台可谓鱼龙混杂，再加上大平台多为"数字藏品"且二级市场受限制，转赠周期太长导致流通性不强，所以，小平台发行的数字藏品大行其道，这也是许多国内 NFT 玩家购买相关数字藏品的主要渠道。这样一来，就容易汇集一定的风险。

毕竟，现在的 NFT 藏品还不被大众市场所认可，基本上是一些小圈子的人在玩。随着 NFT 的热度不断攀高，NFT 产品的价格会在这些小圈里被不断炒高，因为大家似乎看到了升值的预期，于是，买卖会比较活跃。在这个过程中，很多人争相购买的所谓数字藏品，其实是奔着投资、升值的目的去的。一个只被小部分人认可的市场，其升值空间是有限的。再说，没有哪一个市场是只涨不跌的。所以说，一些 NFT 产品在短时间内价格暴涨，很多时候是"击鼓传花"造成的，即它们已经远离了市场的真实价值。在这种游戏模式下，只有少数 NFT 玩家能赚到第一桶金，大多数人其实是赔钱的。

3.限制交易

不是平台都鼓励交易吗？毕竟只有交易量上去了才能体现市场的价值。其实不尽然，有时限制交易量也是平台炒作的一个手段。最常见的情形就是：平台先是邀请用户注册，并给一些小福利；用户注册后，平台给一些折扣券等，鼓励用户购买一些价格低、"升值预期大"的 NFT 作品，即用户只需花几毛钱，甚至几元钱就可以买到将来价值上千元钱的作品。这时，用户往往会抱着试试看的心理进行交易。结果真的尝到了甜头：花几元钱买到手的 NFT 作品，转眼就被别人以几十元钱的价格买走，只是动动鼠标就净赚了两天的饭钱。于是，用户便会投入更多。当投入的本钱足够大，想狠狠赚一笔时却发现作品卖不出去了。怎么办？降价吧，一降再降，最后当用户决定赔本出售时，却发现作品上不了架了。

事实上，数字藏品真正的价值必须是建立在艺术性、稀缺性和市场认可性三方的基础上。虽然单个数字藏品是独一无二的，但是，NFT 总量其实是可以无限发行的。所以，从理论上说，NFT 的价格在短期内不可能也不应该出现飙升。否则，只为投机、炒作而人为地拔高它的价值，最后的结果只有一个，那就是像垃圾股一样，变得一文不值。

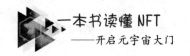

侵权风险：完善现有知识产权法律框架

NFT 是新一代基于区块链、智能合约的创新应用，目前，主要应用在文化艺术产品领域。随着大量的数字内容以 NFT 的方式传播和交易，盗版侵权现象层出不穷。比如，有人将他人的作品铸造到 NFT 中，并在原创作者不知情或未同意的情况下出售。再如，一个作品被生成多个 NFT，各个发行方都声称其为唯一、原创的来源。这些现象都给投资者带来了极大的困惑。

与通常的侵权不同，数字作品一旦被铸造成侵权 NFT 上链传播，会出现一个问题：链上的信息很难被清理且损害后果可能通过公链的金融杠杆效应不断被放大。与此同时，NFT 交易大多依赖平台来完成，从 NFT 的铸造完成到上链，再到交易都需要通过平台进行，平台一般通过燃料费、交易佣金等方式来获取收益。这都对现有的知识产权法律框架提出了一定的挑战。

2022 年 4 月，杭州互联网法院公开审理了一起侵害作品信息网络传播权的纠纷案。在该案件中，原告奇策公司经漫画家马某授权，合法享有"我不是胖虎"IP 系列作品在全球范围内独占的著作权、财产性权利及维权权利。但是，奇策公司发现，在数字藏品交易平台 Bigverse 上，有用户铸造并发布了"胖虎打疫苗"NFT 作品，售价 899 元。该 NFT 作品与"我不是胖虎"作者在微博发布的插图作品完全一致，而且，在该 NFT 作品右下角带有作者微博名"不二马大叔"的水印标识。于是，奇策公司将对方告上法庭，要求判令该公司停止侵权，并赔偿其各类损失共计 10 万元。

　　杭州互联网法院经审理，当庭宣判，判决被告立即删除涉案平台上发布的侵权 NFT 作品，同时，要求赔偿原告经济损失及合理费用合计 4 000 元。

　　杭州互联网法院审理认为，被告数字藏品交易平台 Bigverse 作为 NFT 数字作品交易服务平台未尽到审查义务，存在主观过错，其行为已构成"帮助侵权"。但是，由于无法确定侵权人实际侵权获利，以及未能举证原告存在的其他损失，所以，综合侵权作品的交易金额、被告收取的费用、原告为制止侵权所支出的合理费用，法院最终确定赔偿数额为 4 000 元人民币。

　　初看，此案的案由"侵害作品信息网络传播权纠纷"在民事诉讼案件中非常普遍，而且，赔偿金额并不具有代表性，本案也并非终审判决。但是，因为该案涉及的"胖虎打疫苗"是一件 NFT 作品，故被法律界人士广泛视为"NFT 侵权第一案"。

　　关于 NFT 持有人的版权问题，现有的国内外的法律法规尚无覆盖，主要依赖于 NFT 发行时平台的相关条款，有的允许所有者无限制地对作品进行商业使用，允许所有者在其基础上制作更广泛的衍生作品，也有的在发行时并没有明确的条款。

　　目前，国内可自由进行交易的 NFT 主要是将数字或实体藏品制作成区块链数字藏品限量发售的作品，所以，其风险更多体现在制作和交易环节的知识产权风险。如未经作品著作权人同意，数字藏品的二次创作、出售等行为，则可能侵犯了著作权人的权利。投资人如果购买了侵权的数字藏品，其购买行为本身虽然不违法，但是，通过可溯源的交易记录显示其购买的数字藏品属于侵权作品，投资人或消费者将为此而蒙受经济损失。

　　投资人购买数字藏品前应审查出售方是否享有著作权，包括著作权登记证书、版权认证机构出具的证明等数字藏品的合法权利证明。同时，数字藏品

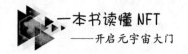

交易平台也应当发挥平台的主体责任，主动履行平台企业审查义务，保护权利人的合法权益。

虽然 NFT 可能引发种种侵权风险，但是，不可否认的是，NFT 仍然是极具潜力的新生技术，其在推动游戏产业的发展、促进虚拟活动的繁荣、保护数字收藏品乃至启发元宇宙等多个领域都具有光明的发展前景。

政策风险：避免触碰监管红线

数字藏品或 NFT 平台是建立在区块链上的具体应用，从事经营性互联网信息服务，通过信息网络向公众提供具有编辑、制作、加工等出版特征的数字化作品。因此，其在经营过程中，一定要严格遵守国家的相关政策法规，进行合规运营，避免产生一些不必要的法律风险。

1. 平台资质合规

平台资质合规主要体现在以下七个方面。

（1）进行区块链安全评估和备案。《区块链信息服务管理规定》已经由国家互联网信息办公室室务会议审议通过，自 2019 年 2 月 15 日起施行。规定区块链信息服务平台开发上线新产品、新应用、新功能的，应当按照有关规定上报有关部门进行安全评估。同时，应当在提供服务之日起十个工作日内通过国家互联网信息办公室区块链信息服务备案管理系统，填报服务提供者的名称、服务类别、服务形式、应用领域、服务器地址等信息，履行备案手续。平台可自行或委托具有相应资质的测评机构开展评估，并通过全国互联网安全管理服务平台提交安全自评估报告。

（2）办理经营许可证。《互联网信息服务管理办法》第七条规定，从事经营性互联网信息服务，应当向省、自治区、直辖市电信管理机构或者国务院信息产业主管部门申请办理互联网信息服务增值电信业务经营许可证。在取得经

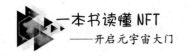

营许可证后，应当持经营许可证向企业登记机关办理登记手续。

（3）取得《网络出版服务许可证》。根据《网络出版服务管理规定》的相关规定，经营者通过信息网络向公众提供的，具有编辑、制作、加工等出版特征的数字化作品，需办理《网络出版服务许可证》。作品范围包括：文学、艺术、科学等领域内具有知识性、思想性的文字、图片、地图、游戏、动漫、音视频读物等原创数字化作品；与已出版的图书、报纸、期刊、音像制品、电子出版物等内容相一致的数字化作品，等等。

（4）取得《信息网络传播视听节目许可证》。《互联网视听节目服务管理规定》第二条规定，本规定所称互联网视听节目服务，是指制作、编辑、集成并通过互联网向公众提供视音频节目，以及为他人提供上载传播视听节目服务的活动。第七条规定，从事互联网视听节目服务，应当依照本规定取得广播电影电视主管部门颁发的《信息网络传播视听节目许可证》或履行备案手续。

（5）取得《网络文化经营许可证》。经营者向所在地省、自治区、直辖市人民政府文化行政部门提出申请，由省、自治区、直辖市人民政府文化行政部门审核批准。

（6）办理网络安全等级保护备案。《中华人民共和国网络安全法》第二十一条规定，国家实行网络安全等级保护制度。经营者应按照相关要求，履行安全保护义务，保障网络免受干扰、破坏或者未经授权的访问，防止网络数据泄露或者被窃取、篡改。

（7）取得拍卖经营许可证。如果平台以竞价拍卖的形式发售，那么，其应当到商务部门取得拍卖经营许可证或者与取得拍卖经营许可证的拍卖公司合作。

2. 运行模式合规

目前，我国叫停了所有代币融资项目。2021 年，人民银行等部委印发了《关于进一步防范和处置虚拟货币交易炒作风险的通知》，明确虚拟货币不具有与法定货币等同的法律地位，虚拟货币相关业务活动属于非法金融活动。任何所谓的代币融资交易平台不得从事法定货币与代币、"虚拟货币"相互之间的兑换业务，不得买卖或作为中央对手方买卖代币或"虚拟货币"等。各金融机构和非银行支付机构不得直接或间接地为代币发行融资和"虚拟货币"提供账户开立、登记、交易、清算、结算等产品或服务，不得承保与代币和"虚拟货币"相关的保险业务或将代币和"虚拟货币"纳入保险责任范围。

另外，数字藏品或 NFT 平台不能使用"交易所"字样，不得发行代币，应当采用实名认证方式，采用人民币和数字人民币结算方式。根据《国务院办公厅关于清理整顿各类交易场所的实施意见》，凡使用"交易所"字样的交易场所，除经国务院或国务院金融管理部门批准的以外，必须上报省级人民政府批准。

3. 发行模式合规

NFT 或数字藏品平台应当与发行者签订《数字藏品代发行协议》，发行者版权应当是权利链条清晰可查，明确是否有版权的转授权，转授权范围应当明确具体的权利，如果发生侵权行为，发行者应当负有连带责任，包括但不限于赔偿费用、律师费用、销毁 NFT 等。

（1）权益类数字藏品。权益类数字藏品是指享有某项权益的数字藏品，如某明星推出的一款藏品，谁拥有该藏品，就可以与他共进午餐、看电影等。

（2）实物类数字藏品。实物类数字藏品是指可以在线下领取实物的一类

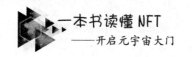

数字藏品，如阿迪达斯原创 NFT 可以将之兑换成独一无二的对应实体产品，张弓酒业数字藏品可随时提取实物白酒。

（3）盲盒类数字藏品。盲盒类数字藏品是一种带有娱乐化特质的数字藏品，该种新奇的营销模式可以迎合用户猎奇的心理特征。

（4）普通类及绑定类数字藏品。普通类数字藏品大致可分为艺术、音乐、游戏道具、付款码皮肤、黑胶唱片、数字民族图鉴、纪念金币等，现如今大多数平台发行的都属于该类数字藏品。

4. 区块链技术合规

2021 年 10 月 31 日，《数字文创行业自律公约》发布，其中包括 11 项共识：赋能实体经济、弘扬民族文化、促进行业发展、坚持原创正版、保证价值支撑、保护消费者权益、联盟链技术可控、维护网络信息安全、杜绝虚拟货币、防范投机炒作和金融化风险，以及防范洗钱风险。根据上述公约，国内数字藏品或 NFT 平台应当建立在联盟链上且该联盟链必须做到技术可控，并通过国家互联网信息办公室区块链信息服务备案管理系统备案。

5. 智能合约合规

我们知道，区块链是一种具有去中心化、不可篡改、可追溯等特性的分布式账本，其依赖智能合约实现社区自治。

那么，什么是智能合约呢？

智能合约是一种计算机程序，可按照预设的条件自动化执行的电子合同，一旦相应的条件产生则自动触发完成合约。

在智能合约中，可以设置发行方获得的版税、发行方转售的哪项具体版权、平台的佣金数额等条款，发行方不需要花费任何成本即可进行监督和跟踪，可以充分保障发行方的权益。

在设置智能合约时，除了要设置数额合理的交易费，还应为防止过度炒作、虚假宣传、欺诈、非法集资等设置相对应的条款。

6. 数据合规

由于国外 NFT 平台使用的是去中心化的公链，所以，数据的真实性和安全性更高，而国内 NFT 平台使用的并非完整的去中心化的联盟链，联盟链本质上属于私链，数字资产权证的真实性和安全性只有依赖联盟方的权威度和信誉度。所以，联盟链应当严格按照 2021 年 9 月 1 日实施的《中华人民共和国数据安全法》要求，进行自身平台数字资产权证的数据安全保护，与此同时，要注重与其他联盟链的数据共享。

7. 监管合规

2022 年 2 月 18 日，银保监会发布《关于防范以"元宇宙"名义进行非法集资的风险提示》，要求数字藏品或 NFT 平台应当做到以下事项：不得公开虚假宣传高额收益，借机吸收公众资金，具有非法集资、诈骗等违法行为特征；不得宣称"投资周期短、收益高"诱导用户购买 NFT 或数字藏品进行投资；不得人为营造抢购假象，引诱公众进场囤积买卖；不得通过操纵价格等幕后手段非法获利。对此，平台要明确自己的监管权责，防范 NFT 在不同应用场景下存在的种种风险，与此同时，要联合多方主体如网信部门、市场监管部门、央行等金融管理部分形成全方位的动态监管。

NFT 想要获得持续的发展，需要合规的产业运作，完善的监管机制，防

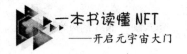

止技术的滥用，沦为违法犯罪的工具。只有 NFT 项目建立在安全的区块链上，遵循合法合规的发行、交易机制，真正服务于场景需求，才能真正构建出健康、健全的 NFT 交易市场。

第九章
NFT行业发展趋势与展望

随着人们对 NFT 市场逐渐形成共识，以及区块链、元宇宙等技术的进一步发展，未来 NFT 会有更多的应用场景与更广阔的市场前景，尤其是在对数字经济、实体经济赋能方面会体现出更大的价值。

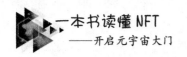

国内外 NFT 发展现状及差异

NFT 兴起于国外，随着它的不断发展、完善到进入大众视野，并逐渐形成市场，直至火爆全球，可以说，在全球数字化的浪潮中，它的应用价值正在被逐步发掘，并且深刻地影响着人们的商业思维。

当前，因为各国国情、政策存在差异，NFT 在各国的实际应用案例、场景有所不同。下面从国外、国内两个视角简要阐述一下 NFT 现状及其在国内外的主要差异。

1. 国外 NFT 发展现状

从 2020 年下半年至今，海外 NFT 市场交易一直比较热闹。特别是一些头部 NFT 交易平台，其日交易量更是出乎之前很多人的预料。根据 DappRadar 数据显示，截至 2022 年 3 月 24 日，OpenSea 总交易量为 235 亿美元，位列全球第一，LooksRare 以 181.6 亿美元排名第二。

部分头部平台及海外 NFT 市场主流的商业模式介绍。

（1）部分头部平台。目前，全球最大的 NFT 交易平台当属 OpenSea。它是一家去中心化交易所，功能包括制作并上线 NFT、交易 NFT、管理 NFT、搜索 NFT 项目交易信息等。该平台上交易的 NFT 商品千姿百态，包含加密艺术品、游戏商品、虚拟土地、数字版权等。用户进入 OpenSea 的门槛较低，而且可以在平台上自由创建、交易 NFT，平台支持固定价格、降价、高出价等出售机制。

另外，OpenSea 支持 200 多种加密货币作为支付方式，平台会抽取交易额的 2.5% 作为交易佣金，创作者也能在 10% 以内自由设置版税。

在 OpenSea 之外，LooksRare 是另一个比较受用户欢迎的平台。它于 2022 年 1 月 11 日进入 NFT 市场，主要功能有创建上线 NFT、交易 NFT、交易挖矿、质押 LOOKS 获取收益。其中，交易挖矿、质押 LOOKS 获取收益是最受欢迎的功能。与 OpenSea 不同的是，LooksRare 对于所有 NFT 交易仅收取 2% 的手续费，在 OpenSea 上的用户想要购买时只能用 ETH 购买，而 LooksRare 则可以混合支付。

除了上述两大平台，还有一个交易量较大的平台，即 Nifty Gateway，它是一个受监管的 NFT 交易平台。该平台的进入门槛较高，普通人发表作品需要进行申请，艺术家入驻则实行邀请制。目前，该平台与顶级艺术家和品牌合作。该平台是一个以美元为基础的中心化市场，允许美国用户提取法定货币。用户可以用信用卡购买 NFT，出售时可直接兑现到银行账户中。

（2）主流商业模式。根据平台定位、NFT 类型、入驻方式、销售费用等因素，目前，国外的交易平台采用的商业模式可以分为三种：类 Ebay 模式、类 Gallery 模式、基于 NFT 项目模式。

①类 Ebay 模式。这种模式覆盖的领域多，交易的门槛低，代表有 OpenSea、Rarible、LooksRare 等平台。它们有点像 NFT 市场中的 Ebay。这些平台允许用户自主铸造、展示、交易 NFT，能够吸引各个圈层的用户，而且，NFT 资产会呈现出多样化的特点，可以涵盖艺术、游戏、体育、虚拟世界等。

另外，入驻的门槛低，有助于扩大覆盖面。平台几乎不对创作者设立任何条件，只要注册就可以进行自由创作并交易自己的 NFT 作品。在销售费用

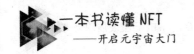

方面，平台收取 2%~2.5% 的服务费。所以，这类平台的人气比较旺，作品类型比较多，价格区间跨度大。与之相对应的，创作者的水平差距有些大，导致平台作品质量参差不齐。这也加大了用户选择的难度。

②类 Gallery 模式。以 SuperRare、MakersPlace、Nifty Gateway 等为代表的平台则类似于 Gallery（艺术画廊），故将其商业模式称作类 Gallery 模式。在这种模式下，平台在市场定位方面主要聚焦一些热门的艺术领域，并限量销售艺术家的作品。作品的主要艺术表现形式是：静态 / 动态图片、3D 作品、音频或视频等。

创作者要入驻这些平台需要满足一些条件，一般多为邀请制或申请制，即平台有权决定创作者是否可以驻留。在销售费用方面，该类平台的费率比较高，比如首次销售服务费高达 15%。

从总体来看，这种模式以专精化、品牌化为特点，服务的目标群体为专业艺术创作者及鉴赏者。有的平台还设置了收藏家咨询团队，为全球客户提供 NFT 入门、专属销售对接、场外收购、市场情报挖掘等支持服务项目。

③基于 NFT 项目模式。除了上述两大模式以外，部分 NFT 项目还拥有自己的平台，有针对性地满足用户的需求。比如，区块链游戏 *Axie Infinity* 的玩家可以在 Axie Infinity Marketplace 上浏览、购买或出售电子宠物；体育类明星项目 NBA Top Shot 有自己的官网以支持交易，并为用户提供社区展示、交流空间；推出 CryptoPunks、The Meebits 等头部项目的 Larva Labs 也有自己的官网。与之前的模式相比较，这种商业模式主要运用于某些热门项目。

2. 国内 NFT 发展现状

与国外市场相比，国内的数字藏品市场虽然起步较晚，但是发展迅速，自 2021 年海外 NFT 市场变得火爆之后，在一些知名企业和互联网企业的带动下，国内的数字交易品平台如雨后春笋般涌现。

（1）国内头部平台。国内的头部平台主要由阿里、腾讯、网易等知名互联网布局。下面，我们简要了解一下这些头部平台的交易方式、交易媒介、交易逻辑、所有权等。

幻核于 2021 年 8 月 2 日上线，是国内第一个 NFT 交易 APP。其上面的数字商品是基于至信链 NFT 技术协议发行的。至信链是腾讯牵头与多家公信力机构成立的合规开放联盟链，对外试点开放基于非同质化通证技术的数字藏品的底层能力，目前至信链上已经有了相对繁荣的价值互联网小生态。目前，幻核以私下渠道联系艺术家的形式发行 NFT 产品，并未开放私人创作，而且，其发行的产品以收藏为主，不支持二次交易。

以鲸探、灵稀数藏为代表的发行平台，分别由阿里和京东所开发，利用其本身就拥有的强大流量，故选择走平民化路线，每期数字藏品发行数量在 6 000~10 000 个。在鲸探、灵稀平台，数字藏品不可以转卖，鲸探平台更是明确规定数字藏品持够 180 天后方可转赠。但是，在获得转赠权限后，持有满两年方可进行第二次转赠，平台通过限制藏品流通的方式降低了炒作风险。

幻影数藏平台是一家 NFT 数字资产上链、推广、交易综合性平台。该平台专注艺术品类 NFT，包含线下渠道以及线上渠道，汇集较多的收藏家。目前，已有众多名家入驻平台，平台没有发行数量的限制，且支持盲盒发行、拍卖、定价等多种发行模式。除了上架自有平台的市场，幻影数藏平台还会将作品同步到 OpenSea 等几个主要市场，以解决流动性问题。

可以看出，国内平台的运营模式与国外平台相比有很大的不同，这主要是由国内外市场环境的差异造成的。

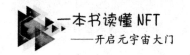

（2）国内数字藏品市场发展情况。NFT 是一个新鲜的事物，就全球范围来看，其市场仍处于初级阶段。从 2021 年 NFT 进入国内市场至今，其发展过程可以被划分为两个时期。

①起步期。这一时期以学习借鉴国外经验为主。2021 年 4 月，在音乐行业，就有一些公司试图通过 NFT 来解决版权问题。比如，豆瓣音乐版权公司 Vfine Music 与主流媒体 NFT 交易平台 CyberStop 达成合作，音乐创作者可以在平台上发行 NFT。同年 5 月，火花音悦发布厂牌 Free Spark，成为国内首家专注音乐 NFT 发行的机构。紧接着，音乐蜜蜂也推出了 NFT 板块。整体来说，这一时期国内的 NFT 项目主要是在借鉴海外经验的基础上做一些可行性尝试。

②发展期。随着 NFT 概念的持续火热以及对 NFT 认知的加深，一些知名企业按捺不住，纷纷开始 NFT 布局，陆续推出自己的 NFT 交易平台。比如，阿里巴巴在 2021 年 5 月通过阿里拍卖组织 NFT 拍卖；同年 6 月，在蚂蚁链粉丝粒发行了联名 NFT 产品；同年 12 月，正式宣布将蚂蚁链粉丝粒升级为数字藏品平台"鲸探"。腾讯于 2021 年 8 月上线交易平台幻核，随后，腾讯音乐宣布在 QQ 音乐上线首批藏品。湖南鲸喜玛特文化发展有限公司于 2021 年 3 月上线鲸喜玛特数藏平台。另外，京东、百度、字节跳动等均纷纷进军 NFT 领域。

在这一时期，由于一批知名企业的加入，NFT 项目短时间内的发行内容从数字艺术品拓展到了基于自有 IP 或版权的各类数字藏品，分化出限量兑换、盲盒等多种形式。

3. 国内外 NFT 市场差异

通过上述对国内外 NFT 主要交易平台、商业模式的介绍，不难看出，国内外 NFT 交易市场存在着较明显的差异。

（1）国外以公链为主，国内以联盟链为主。不同于国内数字藏品平台多采用联盟链发行，国外主流的 NFT 大多基于公链发行，NFT 产品可以自由买卖，交易自由度非常高，二级市场的流动性显著。从某种意义上来说，NFT 市场是一种投机获利、资金融通的载体。同时，国外主流 NFT 交易平台大都支持用户自行创作自己的 NFT 产品。其中，部分老牌 NFT 发行平台以艺术家创作为主，门槛较高。但是，因为仍有部分平台门槛较低，这使得普通用户也能参与 NFT 的制作与发行。

与国外大部分 NFT 基于公有链的架构不同，国内 NFT 平台多架构在联盟链上。因为公有链允许任何人读取、发送交易及参与共识，覆盖范围更大，而且，链上的每一个节点都是公开的，具有完全去中心化的特征，所以被恶意修改的可能性非常低。

联盟链是由多个机构共同参与管理，每个机构各自运行一个节点或是多个节点，数据仅在机构间传输。相对公有链，由于节点的数量少且身份固定，所以其数据处理速度更快。但是，因为联盟链不具有完全去中心化的特征，所以其存在被篡改的可能性。另外，截至目前，联盟链还没有形成统一的行业标准，不同的平台往往采用不同的联盟链体系，这种情况下极易出现一个问题，就是各个平台之间不能相互连通。

（2）国内监管严格，国外相对宽松。国内合规的 NFT 要上链，必须先经过严格的版权审核。从这个角度看，NFT 是一种较可靠的数字确权技术。它并

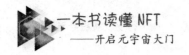

不是一张图片，也不是一段视频，它是赋予这些艺术作品唯一性的数字技术，所以，在版权确认和交流过程追踪方面，它拥有无可比拟的优势。因此，国内的数字藏品是通过 NFT 技术来对文化产品和版权作品进行价值锚定。其所传递的是数字文化要素的价值，这一点与国外不同。

与国内将 NFT 定位成数字出版物不同的是，国外将 NFT 视为一种数字资产。如此一来，二者的 NFT 市场也就不同，即国内的平台所开发的 NFT 更多的是从版权保护的角度切入，强调收藏功能，而国外更注重价值交易。

（3）国外市场开放，国内限制二级市场。国内的数字藏品和国外的 NFT 在流通方式上也是完全不同的。目前，国内还没有明确开放数字藏品的二级市场，仅支持个人收藏、使用或附有时间期限要求的转赠，有的平台甚至会完全禁止数字藏品的转赠。国外的 NFT 则可以进行自由交易。

（4）国外可用虚拟币，国内只能用人民币。在国外，可以用虚拟货币购买 NFT，比如 ETH、USDT、SOL 等，而在国内购买数字藏品，只能以人民币结算。在我国交易市场，数字藏品不具有代币交易功能。

（5）国外偏向投资，国内注重营销。国内外的应用场景方面也有很大的不同。目前，国内 NFT 平台的应用场景着眼于商业营销服务：一方面，通过专业创作者发行基于特定事件或 IP 的数字内容，强调 NFT 的纪念价值，以配合品牌、商品或 IP 的宣传为主；另一方面，通过限量领取、盲盒抽取、特定用户专属等非售卖获得形式吸引其他业务线的用户群体参与 NFT 社区。国外的 NFT 市场偏向交易投资，强调 NFT 的金融属性。

总之，相较于国外，当前我国对于 NFT 有着较严格的法律条文约束，而且，NFT 行业正在形成差异化发展的竞争格局。与此同时，国内 NFT 市场正在寻找一条属于自己的合规、合法、合适的发展道路。未来，随着 NFT 应用的推广以及 NFT 与区块链技术的深度融合，NFT 将会有更多元更丰富的落地场景，尤其是在游戏、认证、知识产权、房地产、借贷、基金金融产品、元宇宙的结合等方面会表现出巨大的价值。

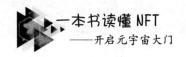

我国 NFT 行业前景展望

目前，国内 NFT 市场尚处于起步阶段，一些科技或金融企业基于自身业务发展方面考量，先后布局区块链平台，其在借鉴海外相对成熟经验的基础上，不断进行实践创新。

展望未来，我国 NFT 市场将在行业监管、参与者权益保障、催生行业新业态等方面会有重要的突破或创新，从而进一步激发 NFT 市场的潜力。

1. 完善监管体系

虽然我国已经出台了一些法律法规或是提出了一些行业倡议，但是，就整体而言，尚没有建立针对 NFT 的明晰规范的监管体系，诸如潜在的洗钱、融资等风险依然不容忽视。未来，NFT 市场若要实现健康有序地发展，一定离不开监管职能、制度的进一步完善、规范。

2. 加强版权保护

据 OpenSea 对其自身市场的分析来看，其市场上 80% 以上的 NFT 都存在侵权行为，但是，OpenSea 能做的只是将创作者举报的 NFT 进行下架处理。我国联盟链数字藏品，相较于匿名去中心化的公链 NFT 来说，其在保护创作者权益方面具有较大优势。

联盟链技术已经应用于版权保护的司法实践中，NFT 有可能改变版权商业模式。解决版权确认问题的联盟链的核心是区块链防篡改、相对透明、多方互信，这极大地降低了版权确认证书的运营成本。未来，随着 NFT 版权登记和维权机制得到完善，NFT 将会在版权认证、打击盗版等方面发挥更重要的作用。

3. 加强发行管理

同传统出版物发行类似，NFT 在发行中存在的违规不良内容有待监督和管理。未来，监管机构将会更多地介入 NFT 的铸造、发行、销售、流转等环节，让 NFT 市场逐渐走向正规化、有序化。这也有助于培育健康向上的数字内容创作氛围，促进对优秀文化的传播，夯实良性的文娱行业生产基础。

4. 加强交易监督

数字人民币的推广或能助推 NFT 交易监管落地。据官方统计数据显示，截至 2021 年 12 月 31 日，数字人民币试点场景已超过 809 万个，覆盖全国主要地区，累计开立个人钱包 2.61 亿个，交易金额 876 亿元。数字人民币具备中心化监管、政府信用背书的特点，将其与 NFT 应用结合，既可以规避由于海外 NFT 市场波动带来的风险，又能便于有关部门做后台监督。

与此同时，相关部门有望出台 NFT 交易平台准入制度，并提高行政审批门槛，强化对交易数据的监督管理，加强对非法投机行为的打击力度。

5. 有望开放二级市场

未来，会有越来越多的传统企业布局 NFT 市场：一方面，这会从客观上改变 NFT 行业在国内流通性较差的特征；另一方面，随着不断设立、完善与 NFT 相关的交易规则，国内的 NFT 二级交易市场有望被逐步有序放开。比如，

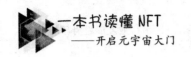

建立有官方背景的文化产权交易所等，为企业提供交易、拍卖、投融资等服务项目，交易对象可以是企业资产、艺术收藏品、文化遗产、文创作品，也可以是 IP 衍生品等。

6. 明晰各方权责边界

目前，围绕"数字藏品"本身法律性质的认识仍旧存在较大争议。有观点认为，"数字藏品"是一种虚拟财产；也有观点认为，"数字藏品"仅是一个权利证明。这种围绕"数字藏品"性质的争议，有可能引发关于数字藏品本身权利归属的争议。如果将"数字藏品"界定为虚拟财产，那么，某些平台很可能会通过设计"用户协议条款陷阱"的方式，将真正的所有权从消费者手中"夺走"。

事实上，出现这样的争议很好理解，因为整个行业还处于发展、探索阶段，对于数字藏品的认识必然要经历一个从混沌到厘清的过程。在此过程中，平台和消费者也需要逐渐认清各自权利义务的边界。

未来，有望建立一套知识产权审查机制，并对平台上交易的 NFT 作品的著作权方面做相应的审查工作，以便从源头明确各方的权责利边界。

7. 新应用场景逐步落地

回顾国外市场，可按用途将 NFT 产品划分为三类：版权确权等实用性 NFT；数字藏品等消费性 NFT；游戏、元宇宙、金融衍生品等 NFT。在国内，目前主要是前两种场景，相信在未来将会有更多有深度的应用落地。

比如，NFT+现实确权。凭借永久保存且不可篡改的特质，NFT 的功能性可以扩展到个人身份和实物资产的确权上，以发挥其在数字化管理方面具有的天然优势。在个人身份上，将身份证、学历证明等个人信息凭证上链，整合多地区信息，提高有关部门管理效率。在实物资产上，将实物资产权证上链可便利溯源、流通交易，有效促进资产跨区域流通。

再如，NFT+ 附加权益。赋予持有者某些特定的权益，NFT 可成为维系发行方和用户之间的桥梁，为平台未来搭建综合化社区提供原始用户群资源。

除此之外，还有 NFT+ 互动应用，即以区块链游戏、虚拟房产为代表的高互动性 NFT。目前来看，一些平台虽然设置了展馆，但是，互动性不足。可喜的是，有些公司已在这方面做了积极的尝试。

8. 加强与现实商业的融合

通过在数字世界中复制实物资产，NFT 有可能成为区块链生态系统，乃至更广泛的宏观经济的重要组成部分，即 NFT 和现实商业结合将会加强。届时，大部分与文化、社交相关的企业都将离不开 NFT。因为当传统企业们进入 NFT 领域时，他们会需要大量的内容创作、社群运营、技术升级和基础设施搭建等各方面的合作伙伴。

9. 提升社区体验

NFT 不仅是产品，更是一种社区体验。不管是版权确权、收藏展示，还是互动应用，在 NFT 的未来图景中，用户会根据持有的 NFT 进入特定社群，以新的虚拟身份参与社区交流、游戏娱乐、空间建设等互动项目中，从而完成新型互联网身份的构建。

现在，很多 NFT 应用尚处于探索期。未来，NFT 将不可避免地渗透到各行各业，并最终在一些行业形成可持续发展的商业模式。

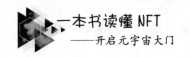

制约行业发展的六大瓶颈

在过去的一年里，NFT市场不断活跃，搜索量、关注度不断增长。NFT的火爆，让许多企业都一股脑地扎入其中，希望利用NFT来创造新的资产类别，增加自身的利润增长点。

其实，企业在看重其背后价值的同时，也要看到障碍。毕竟，NFT市场的快速发展，滋生了许多问题，这些问题如果现在不能得到有效解决，将来必然会成为制约行业发展的瓶颈。

1. 昂贵的交易成本

目前，NFT的交易成本非常高昂。即便是国外一些收费较低的头部平台，通常每笔交易都要收取7.5%的费用，即2.5%的平台费加上5%的版税。在国内，大多数平台会收取认证费用或缴纳手续费，费用的标准不一。

很多人不清楚交易成本会对他们的交易结果带来怎样的影响。举个例子，你在OpenSea平台进行一些交易，先是1 000美元买入一幅作品，再以1 200美元卖出，你是不是觉得拿到手的利润是200美元？其实不然，是125美元。因为要扣除25美元的手续费以及50美元的版税。

正是因为交易成本较高的缘故，这也在一定程度上影响了人们交易的积极性。

2.不受限制的"铸造权"

不受限制的铸造权会冲击 NFT 财产权利属性的正当性。NFT 虽然可与链外资产建立一对一的关联，提供法律上所要求的权利凭证。但是，由于 NFT"铸造权"不受限制，所以经常会出现这样的现象：多个交易平台在出售关联同一件艺术品的 NFT，虽然这些 NFT 各不相同，但是，结果都指向了同一件东西。还有一种常见的情形，就是未经原权利人许可，擅自为特定资产"铸造"NFT，此时 NFT 相关权利的合法性存疑。

区块链可以保证信息上链后不可篡改，以及确保链上原生数字资产的真实性，却无法验证链外数据来源的真伪。如果信息上链之前存在欺诈，那么，通过区块链技术确保真实性或所谓确权只能是伪命题。所以，不受限制的所谓"铸造权"有可能引发重大的侵权问题。侵权问题将导致 NFT 市场出现劣币驱逐良币效应，从而严重损害原权利人与买家的权益。

3.数字藏品价格虚高

很多平台的 NFT 作品价格虚高，名不副实。比如，在一些平台，1 000 多元的价格只能买到一些艺术家个人发行的 NFT，这些艺术家论名气以及艺术修养都很一般。更多的时候，平台只是在卖一些工作室的 NFT 作品。其实，在平时的线下交易中，一幅画可能卖出三四百元，但是，一旦被打上"数字藏品"的印记后，拿到平台上即可要价三四千元。即使是一些博物馆推出的，有艺术价值的数字藏品，也存在类似的问题。

其实，目前高昂的价格、不成熟的市场体系，其实与购买者的投机心态有着很大的关系。在技术并不是很成熟的当下，想要让"数字藏品"少一些炒

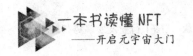
作性质，就必须让价格降到人们愿意接受的"文创"水平。

4. 不道德的交易行为

在 NFT 市场中，存在许多不道德的交易行为，如清洗交易。它是指交易者向自己出售数字资产，目的是给人以真实交易的印象，以便抬高资产价格。当同一个人拥有两个数字钱包时，就可以执行这种欺诈性交易策略。一个钱包充当卖方，另一个钱包充当买方。在区块链上确认加密交易后，NFT 转移到购买钱包。在国外的一些平台，不少 NFT 交易者会使用这种策略来操纵数字资产的价值。这样的行为对市场及其参与者来说都是有害的。如果放任不管，那么，无疑会对市场带来极大的风险。

5. 存储悖论导致的困境

区块链的存储空间有限，特别是近年来，在以太坊上"铸造"与存储 NFT 的手续居高不下，所以，NFT 项目多将所映射数字资产的元数据存储于链外。这就意味着 NFT 只通过一个指向链外存储位置的链接与其所映射的数字资产相关联。

将元数据托管于中心化服务器会带来两个问题：一是如果服务器所属的公司停止运营，NFT 指向的内容可能丢失，这样一来，特定 NFT 会变得分文不值；二是中心化服务器上的元数据可被修改，导致 NFT 映射的不再是权利人期望拥有的资产，这样就侵犯了持有人的合法权利。

NFT 的一个重要功能是对数字资产确权，但是，因为存储机制本身具有的缺陷，有可能使 NFT 丧失这一功能。虽然 NFT 自身将在区块链中永存，但是，交易平台、运营商可以下架其映射的数字艺术品、关闭交易页面、停止项目运行，这些措施都会使 NFT 变得毫无价值。

6.NFT "碎片化" 带来的法律困境

虽然 NFT 具有不可分割性，但是，近年来市场上出现了 NFT "碎片化" 的技术趋势。比如，Fractional 等去中心化协议可将 NFT 转换为基于 ERC20 协议的 FT。其中的原理很简单：单个 NFT 价格过高，将 NFT 碎片化，可以降低买家的参与门槛，加大数字艺术品 NFT 的流动性，使作者能够从 NFT 碎片的流转中抽取更多收入。

在我国，对数字藏品进行分割并销售，可能触犯 "代币发行融资" 的金融监管禁令，使 NFT 涉嫌标准化合约交易，因此，可能成为被监管机构打击的对象。

NFT 行业仍处于早期阶段，在大规模被运用于各个行业之前，要对当前出现的问题进行彻底解决，否则，不仅会阻碍这个行业的健康发展，还会给投资者带来很多未知的麻烦。

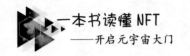
NFT 赋能实体产业发展

在我国，NFT 产业一直处于被严格监管的状态，这是因为如果 NFT 相关产业发展得太快，那么，结果就是极易产生泡沫。因此，对于 NFT，要尽可能去除其金融属性，更强调其内容价值。

数字藏品作为一种虚拟产品，该如何与实体经济融合，为实体经济赋能呢？具体操作思路是，在接受行业监管的背景下，力求实现线上与线下的融合。目前，有很多企业已经遵循这样的思路，让 NFT 更好地赋能实体产业。

具体来说，数字藏品可以从以下四个方面来赋能实体产业。

1. 品牌塑造

对于品牌的发展而言，数字藏品为企业提供了一种全新的流量获取思路。目前，热度依旧不减的 NFT 概念是一个很好的载体，不仅可以通过将实体商品数字化来吸引用户，还能够通过赠送等方式来开展营销活动。比如，江小白、中国李宁、奈雪的茶等品牌通过开展 NFT 营销活动来赢得消费者。这种新营销形式在激活老用户、吸引新消费者的同时，还能够将消费者粉丝化，真正实现"让每一件商品都成为流量入口"。数字藏品自带的 IP 属性与社交属性可以迅速帮助品牌建立粉丝群体，有助于提高消费者的黏性。

2. 产权保护

数字藏品是一个解决藏品原创性和保护其产权的有效途径。数字藏品的底层技术是区块链，区块链有一个非常重要的特性，就是可溯源性。这一特性对产权保护来说非常重要。

NFT 可以通过区块链技术，对数字内容加密，这些数字内容既可以是企业的专利权，如发明、实用新型专利、外观设计专利等，又可以是商标权、著作权等。加密后的每个数字藏品都与特定区块链上的唯一序号相互绑定。这样一来，生成的数字藏品就具有不可替代性、可追溯性、不可篡改性等。所以说，区块链技术的出现，特别是 NFT 技术，极大地提升了产权保护的效率。

3. 完善分销渠道

当下，因为 NFT 具有一定的炒作价值，所以，只要是贴上 NFT 项目的标签，都会得到一些额外的关注。

为了纪念 LV 创始人，LV 品牌方研发了一款手游，名叫 *Louis：The Game*。这款游戏有一个亮点：其中隐藏了 30 枚 NFT。事实上，从 LV 的定位出发，它并不需要借助 NFT 来提升自身热度。的确，公司不想通过这款游戏赚钱，只是想建立一个销售渠道。因为 LV 不满足于只做传统的奢侈品巨头，也想探索数字渠道，所以，它就选择通过 NFT 来实现这一目的。

除了 LV，奥迪在 2021 年 8 月 10 日发行了自己的数字 NFT，奢侈时尚品牌 Burberry 则在 11 日向市场推出了首个 NFT 系列，即被称为 "B 系列" 的数字 NFT。

为什么这些知名品牌开始关注 NFT 市场？原因很简单，为了拓宽渠道，

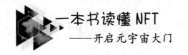

更确切地说，是为了吸引更年轻的消费群体。

任何一个品牌，一味地固守原有的消费群体是不明智的。因此，即便是知名品牌，仍然需要拓宽消费群体范围，而 NFT 与奢侈品的属性相似，包括原创性、限量性以及艺术性，这无疑是适合奢侈品的线上变现渠道。

4. 产业数字化

NFT 是一种比较好的实现特定数字内容、特定交易对象的技术手段。在区块链技术出现之前，比如说超市里的条形码，扫一下码就可以交易，其背后的原理就是用一种初级的形式来对商品进行数字化。只不过 NFT 是通过区块链和智能合约的形式，把特定的交易对象、交易商品或交易服务特定化。它虽然是个 Token（代币或通证），但是它代表了一种契约，代表了一种对于数字内容的或者应用权益的特定化。

未来，运用智能合约技术的 NFT 会将传统行业与区块链结合起来，让传统行业可以更高效地发展自身的业务，也可以让用户更放心，这也是区块链未来发展的一个很重要的方向。

所以，NFT 能有效地促进传统行业与区块链的结合，为实体经济赋能。例如，门票类、证件类的应用场景会极大丰富，可以想象一下，那时人们的驾照、毕业证、房产证、优惠券、结婚证、各种票据等都可以成为链上的 NFT。这样就基本上制止了一个造假问题，而且验证成本也会大幅降低。在没有 NFT 技术之前，验证真伪需要依靠专家或者是凭借一些技术手段来实现，甚至需要到政府相关部门核实。但是，有了 NFT 后，一切都变得简单了。

虽然目前数字藏品还处于发展初期，但是，它在赋能实体经济方面已体现出重要的价值。随着数字藏品以及元宇宙等相关领域逐渐向纵深发展，数字藏品在赋能实体经济这件事情上会有更大的作为。而且，在赋能实体的过程中会诞生一批新生代的创作者，产生一些新的经济实体与 NFT 应用场景。

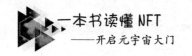

NFT 释放共享经济活力

曾几何时，共享经济名噪一时，但是很快就像潮水一样褪去，来时风风火火，走时一地鸡毛。为什么会出现这样的情况呢？原因有很多。其中有一点可以肯定，是资本过度炒作，导致投入与收入二者出现严重失衡，一旦不再投入，"游戏"自然也就结束了。

其实，就共享经济本身而言，其商业模式与商业逻辑是没有问题的。即便是在今天这个时代，它依然有生命力，而且，NFT+共享经济大有可为。比如，NFT 可将共享经济模式升级为个人闲置资源的使用权的出租、转让和分享。凭借什么操作呢？凭借 NFT 可以解决制约共享经济发展的三个关键问题：真闲置资源代替过剩产能、足够低的运营成本和可靠的支付系统。

首先，真闲置资源代替过剩产能。

什么是共享经济？它的定义是：拥有闲置资源的机构和个人将资源使用权有偿让渡给他人，让渡者获取回报，分享者通过分享他人的闲置资源创造价值。

在现实生活中，几乎所有打着"共享经济"旗号的商家都是为了噱头，为了吸引眼球，它们让渡的算不上"闲置资源"，充其量只能是过剩的产能。

比如，哈罗共享的自行车是商家生产的；托特衣箱子的衣服是商家采购的；神州租车出租的是商家自购的汽车……

针对个人闲置资源，比如，汽车、自行车、电脑以及不动产等，NFT 在确权以及通过数字身份对资产进行身份确认方面具有天然的优势。贴上 NFT 身份标签的资产，不管是使用权的交易、物理位置的转移以及支付情况，都可以在分布式网络中看得清清楚楚，并且，它具有数据信息不可篡改的优越性。比如，能提升管理效能，能在资产的闲置时段为个人带来稳定的现金流。

其次，足够低的运营成本。

个体主导的共享经济模式需要"轻型运营模式"，如今的模式不适合个人，由于需要搭建平台和铺设渠道，因此，这对资金投入和运营成本有较高的要求。

分布式网络系统有一个好处，就是投入小：个人无须投入大量成本来搭建系统，只需要在闲置资源上内嵌基本的物联网设备。

最后，可靠的支付系统。

支付系统的可靠性尤为重要。传统的支付方式存在手续费高、回款慢的问题，处于中间位置的金融机构收取较高的手续费，并且资金到账有延时。通过分布式系统使用数字货币支付，不仅能降低转账手续费，而且还不用经过中间环节，即通过银行便可实现交易。

在现实生活中，将 NFT 运用于共享经济的例子有很多。

Slock.it 是一家专注于以太坊区块链的德国创业公司。该公司曾尝试在汽车、家庭、家电等设备中搭建区块链节点，从而改善共享物品的体验。它的目标是解决在共享经济中信任陌生人的挑战，颠覆机构平台通过垄断赚钱的游戏规则。

资产拥有者基于智能合约，通过设置租金、押金和相关规则，完成各类锁与资产的绑定。用户通过 APP 支付给资产所有者相应的租金和押金，获得打开锁的控制权限，以获取资产的使用权。在这个案例中，该公司解决了共

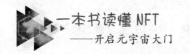

享经济的一些痛点，如陌生人之间的信任问题以及大平台对规则的控制问题。

在理论上，NFT 能够帮助我们重塑共享经济，然而要真正让 NFT 在共享经济中发挥作用，还需要在市场规范、可操作性、安全性以及市场教育等方面做出努力。

1. 市场规范

每个行业都需要在行业规范内运行，对于共享经济来说，很多内容需要重新定义：什么是适合共享经济的"闲置资源"。虽然 NFT 理论上能代表所有东西的身份，但是，并不是所有的有形资产都适合拿来共享。像针对个人的出行工具，如汽车、自行车、电动双轮车等，是较理想的闲置资源类别，因为它们具有现实需求、使用频率高、有足够表面积和空间安装物联网芯片，是理想的共享经济标的物。

在这个过程中，监管机构、企业、协会以及个人，都有机会参与到标准的制定中，只有明确了规范与标准，才能进行更好的创新与发展。

2. 可操作性

传统的共享经济是比较倚重资产的，如共享单车就是一个例子，平台会向市场投放大量的单车，结果导致资源的严重浪费。其实，我们可以换个方向考虑：共享经济为什么一定需要"重资产"呢？其实，完全可以通过轻资产模式运行。而且，这种模式更具可行性。

除此之外，还需考虑在使用中可能会出现的一些问题。比如，使用过程中假如出现了意外、出了事故应该如何解决，是否需要在其中加入保险理赔的环节？在不同的实际场景中，可能会遇到更复杂的问题，所以针对不同的应用场景进行详细的规划设计就显得尤为重要。

3. 安全性

考虑到一再出现的分布式系统的网络安全问题，比如，曾经发生的 Poly Network 6 亿美元加密被盗事件。所以，需要提升系统的安全性，防止被黑客攻击造成损失。

4. 市场教育

分布式系统与数字货币支付仍然属于新兴市场，NFT 虽然火爆，但是，它主要的运用场景仍然是文创产品、游戏、商品版权等。所以，我们需要用更长的时间为普通用户提供市场教育资源，除了企业，全社会以及监管机构的共同参与也很重要。

在强调内循环为主的今天，探索一条可持续的、既不会造成产能过剩又能满足普通个人提升收入的模式是非常有意义的。通过一些企业的实践探索，NFT 与有实用价值的闲置资产组合到一起，能够带来更大的潜在经济效益，这也让 NFT+ 共享经济这种应用场景的前景变得愈发明朗。

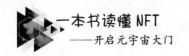

NFT 加速 Web 3.0 的扩张和崛起

2021 年，NFT 席卷全球，引发了一场数字艺术革命。与此同时，NFT 在房地产、内容创建、游戏、在线社区、音乐会及其他领域的应用正在改变互联网的未来，加速 Web3.0 版图的扩张。

全球互联网已经历过一次进化，即 Web1.0 向 Web2.0 迭代，目前正在经历第二次进化，也就是 Web2.0 向 Web3.0 迭代。

Web1.0 出现于 20 世纪 90 年代期末。当时的互联网是静态、只读的 HTML 页面。用户之间的互联也非常有限。Web1.0 的盈利都基于一个共同点，即巨大的点击流量。

Web2.0 是由用户主导而生成的内容互联网产品模式。其主要特点是：用户可参与网站内容的生成。即每个人都可以成为信息的提供者，都可以在自己的博客上发表言论；倡导个性化服务。允许个人根据自己的喜好进行订阅，从而获取自己需要的信息与服务；更加注重交互性。不仅用户在发布内容过程中实现了与网络服务器之间的交互，而且也实现了同一网站不同用户之间的交互以及不同网站之间信息的交互。

Web2.0 发展至今出现了如下两大困境：互联网流量空间触顶，流量红利逐渐消失；互联网巨头寡头垄断，权力过于集中，引发用户隐私保护和数据权属风险。

Web3.0 引发价值向用户转移。Web3.0 将解决 Web2.0 时代互联网大多数控制权集中在各个中心化公司的核心问题，实现价值向用户的安全、透明、可信转移。

Web3.0 的主要特点包括四个方面：一是用户或将拥有更高的权限；二是用户有可能通过所拥有的数据获利；三是虚拟世界与现实世界融合；四是实现价值安全、透明、可信的转移。

Web 3.0 是一种去中心化的网络运作机制，建立在点对点的模式上。一方面，它更注重用户个体，能够为用户个人数据的安全性和私密性提供保障；另一方面，它是一个更加人性化的互联网世界，致力于去除数据和信息之间的壁垒。

Web3.0 的出现打破了 Web2.0 时代生态的诸多边界，从互联网的定位、中心模式、内容传输形态、ID 数字身份管理模式、用户角色定位、数据形态和存储方式等方面进行了全面重塑，如表 9-1 所示：

表9-1　Web1.0、Web2.0、Web3.0比较

互联网时代	Web1.0	Web2.0	Web3.0
发展时间	1991—2004	2004—至今	2021—？
时代定位	门户互联网	平台互联网	用户互联网
时代中心	以网站为中心	以平台为中心	以用户为中心
交互方式	Read	Read + Write	Read + Write + Own
数字身份	无	平台账户	用户自主ID + NFT
用户角色	内容消费者	内容生产者	内容拥有者
数据形态	无个人数据	个人数据无自主权平台控制算法	数据用户自主算法用户自主
数据存储	本地存储	集中式云存储	区块链+分布式存储
基础设施	PC网络	移动网络	区块链
硬件载体	个人电脑	移动智能终端	VR/AR/脑机接口/可穿戴设备……

在 Web3.0 快速崛起、扩张的过程中，NFT 将扮演重要的角色。归纳起来，

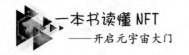
NFT 对于 Web 3.0 的意义体现在两个方面。

1.NFT 成为 Web 3.0 验证身份的凭证

NFT 特有的属性决定了它将成为 Web 3.0 验证身份的凭证。Web 3.0 所倡导的是一个开放、无须信任、无须权限的网络时代。所谓的"开放",即开发者社区保持开放,可访问,完全透明;所谓的"无须信任",即参与者可以尽情互动,无须信任第三方来验证;所谓的"无须授权",即任何用户都有权参与,甚至包括政府一类的权威机构。

Web 3.0 引入了"去中心化互联网"的概念,其宗旨是:在无中介的读写网络中,以用户为中心并提供更好的体验。而验证身份正是 NFT 的特长,故其可以很好地帮助 Web 3.0 解决用户的身份认证问题。众所周知,NFT 具备数字稀缺性、唯一性和可验证性,这些特征可以让用户在打造个人 IP 时享有真正的数据所有权,无须担心个人数据及资产被剽窃或丢失。如果第三方想要调用或购买用户个人资产,必须经过当事人的许可和验证。否则,谁都无法通过其他方式获得。

2.NFT 为 Web 3.0 提供数字所有权的确权

简单理解,可以认为是一种"价值肯定"。在 NFT 市场上,一张看似普通且可以被复制的 JPG 图像,经常会被拍卖出令人咋舌的高价,凭什么?这是因为在拍卖 NFT 时,卖出去的并不只是图像、影音或艺术作品本身,更是这个作品的所有权。

在 Web 2.0 时代,我们要解决版权问题,许多时候只能依靠中心化的互联网平台,即你在某平台发布了自己的原创作品,结果被人下载后用于商业活动，你想维权时，不得不面对这样一个问题：你如何证明那就是你的作品，证明你对其拥有所有权？事实上，你也无法提供有说服力的证据。即原创作者很难对自己的数字艺术作品进行确权，这就使得抄袭、侵权行为大行其道。现在，NFT 可以有效地解决这个问题，让剽窃者和抄袭者无处遁形。

不置可否，数字所有权的确权将成为 Web 2.0 向 Web 3.0 转变的关键一步，而 NFT 的存在，势必会让 Web 3.0 的崛起之路走得更坚实、更稳健。

仰望未来，想必没有人不期待 Web 3.0 的美好前景。当然，Web3.0 的实现程度和技术的进步程度密不可分。只有区块链技术的不断深入，不断精进，一个完全公开透明、去中心化的网络环境才能够彻底形成。而 NFT 作为建立关系网络的重要媒介及帮助用户确权的关键一环，必将在今后发挥更加重要的核心作用。

在 NFT 的"加持"下，在未来的 Web 3.0，我们不仅可以消费内容，可以创作内容，还可以拥有内容。另外，在知识产权、实体资产、记录和身份证明，金融文件乃至票务等领域，NFT 和 Web3.0 都将可以实现联动。一句话，NFT 所具备的"数字所有权确权"这一核心属性将支撑 Web 3.0 的崛起。

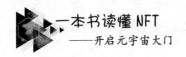

后记

NFT 开启元宇宙未来

2021 年 3 月,《中华人民共和国国民经济和社会发展第十四个五年规划和 2035 年远景目标纲要》正式发布,提出了"加快推动数字产业化"和"推进产业数字化转型"的要求,并将区块链与云计算、大数据等新一代信息技术列为数字经济重点产业。

数字经济是以数据资源为关键要素,以数字科技为支撑的经济形态。数字产业化和产业数字化是数字经济中的重点内容,数字产业化主要是为推动数字科技形成规模化产业,产业数字化主要是利用数字科技支撑和推动传统产业的转型升级。

新一代信息技术主要包括区块链、NFT、大数据、云计算、分布式存储、物联网、边缘计算、AR、VR、AI、5G 和 Web 3.0 等,而元宇宙正是这些新技术应用后的结果。

从技术上来说,元宇宙是基于 Web3.0 技术体系和运作机制支撑下的可信数字化价值交互网络,是以区块链和 NFT 为核心的 Web3.0 数字新生态,是推动数字产业化和产业数字化的重要手段。

元宇宙和 Web 3.0 都代表了下一代互联网,Web3.0 是技术发展方向的未来,元宇宙是应用场景和生活方式的未来,二者之间相辅相成。

以区块链和 NFT 为核心的数字科技推动了信息技术服务,促进了数字产业化；元宇宙创造和创新了更广泛的应用场景拉动信息消费，促进了产业数字化。因此，以区块链和 NFT 为核心的 Web3.0 技术体系推动形成的元宇宙数字生态，将为数字产业化和产业数字化提供有力支撑，为数字经济高质量发展打造新引擎。

未来已来，元宇宙时代已经来临……

当你戴上 VR 眼镜、脑机接口等设备，我们的意识将被传送到一个虚拟世界，在这个虚拟世界里，我们可以自主设定个人形象、身高、身形、外貌……我们透过第一视角会有一种身临其境的体验。

我们可以坐在家里如身临其境般地观看明星演唱会；和异地朋友一起线上逛街；不需要试衣镜就可在线直接采取 AR 试穿时装……视觉效果、听觉系统、触觉感知、味觉，一样不差，几乎和现实世界中的体验一模一样。

可能有人会说，这是一个无法实现的乌托邦。然而，NFT 的出圈，让元宇宙不再只是停留在概念阶段，随着新一代信息技术越来越成熟，元宇宙已经在逐步变为现实。

NFT 缘何如此神通广大，它又是如何开启元宇宙的呢？

因为 NFT 不可分割、独一无二，是用于表示数字产权的唯一加密令牌，可以买卖、被追踪、可溯源、不可篡改，正是基于这样的特性，使得 NFT 在产品权益保护中具有独特的魅力。

而元宇宙是现实世界与虚拟世界的交互，现实生活中的许多东西都是独一无二的，比如，艺术品、动物、器物、版权……当这些内容映射到元宇宙世界时，必须确保其具有唯一性及其权益得到保护，NFT 技术刚好可以解决此类问题，所以，NFT 技术是元宇宙必不可少的基础设施。

自从 2017 年全球首个 NFT 项目 "加密朋克头像" 正式亮相以来，NFT 的

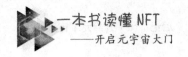

发展势头便如日中天。作为一种数字资产，它的呈现形态多样，既有图片、3D 模型，又有音乐、视频，还有数字虚拟人和房地产等。

NFT 擅长跨界，它可以与不同行业融合，创造出新的内容生态圈，甚至是新的商业模式。NFT 除了赋能艺术，还给游戏、体育、汽车、服饰潮玩、音乐、电影、房地产等诸多行业增加了活力。在元宇宙时代，内容生产与呈现形式打破了传统的"物理形态"的边界，实现了在虚拟世界中重构"数字载体"，NFT 在以元宇宙为载体的虚拟世界还将创造出无限的可能！

NFT 开启了元宇宙世界，并必将创建元宇宙的美好未来！

作者从事信息技术研究和实践 22 年，在 2000~2017 年一直在华为技术有限公司从事信息技术研发和管理工作。2017 年 5 月，作为长沙市高精尖人才、省市级产业领军人才被招回长沙，一直从事区块链、分布式存储、云计算、NFT/ 数字藏品、虚拟数字人、数字孪生和元宇宙等新一代信息技术研究。我们相信，元宇宙就是未来，而 NFT 正是开启未来的钥匙！

我们希望通过本书与读者一起交流和探讨 NFT 与元宇宙的未来，感谢您的阅读，如有更好的建议或合作需求，欢迎关注作者的微信公众号"颖悟信息"（YingwuIT）进行交流。

在此，我要特别感谢我的妻子清林，大部分时间都是她在照顾家庭和孩子们。同时，我也要感谢我们的两个孩子：悠儿和果儿，你们不仅很好地完成了自己的学习任务，还帮助妈妈做了很多家务，同时，你们也是我的骄傲和不懈前进的动力。

感谢我的同事们：姚翔、王煌、罗斌、田源、刘政、庞海浩、雷丰海、徐恩泽、刘靖、娄天任、娄勤勤、周书佳、郭达理等。感谢你们为本书提供的相关资料和素材。

感谢热心支持我的朋友们：瞿吉辉、夏晓辉、刘乾坤、张睿、张榕倩、何晓芳、欧阳奇志、汪涤南、唐斌、唐辉、蒋华梁、田安喆、袁文秀等。感谢你们的建议和给予我的启发，从而丰富了本书的内容。

感谢所有关注、关心和支持本书出版的朋友们！谢谢你们！

李颖悟

于长沙